LES ÉTAPES

D'UN

PETIT ALGÉRIEN

DANS LA PROVINCE D'ORAN

LIVRE DE LECTURE

PUBLIÉ SOUS LE PATRONAGE DU CONSEIL GÉNÉRAL
ET DE LA SOCIÉTÉ DE GÉOGRAPHIE D'ORAN

PAR

JULES RENARD

OUVRAGE ILLUSTRÉ DE 40 GRAVURES

PARIS
LIBRAIRIE HACHETTE ET Cie
79, BOULEVARD SAINT-GERMAIN, 79

LES ÉTAPES

D'UN

PETIT ALGÉRIEN

DANS LA PROVINCE D'ORAN

Coulommiers. — Typ. P. BRODARD et GALLOIS.

LES ÉTAPES

D'UN

PETIT ALGÉRIEN

DANS LA PROVINCE D'ORAN

LIVRE DE LECTURE

PUBLIÉ SOUS LE PATRONAGE DU CONSEIL GÉNÉRAL
ET DE LA SOCIÉTÉ DE GÉOGRAPHIE D'ORAN

PAR

JULES RENARD

OUVRAGE ILLUSTRÉ DE 40 GRAVURES

PARIS
LIBRAIRIE HACHETTE ET Cie
79, BOULEVARD SAINT-GERMAIN, 79

1888

A

M. RENÉ GOBLET

PRÉSIDENT DU CONSEIL

MINISTRE DE L'INTÉRIEUR ET DES CULTES

Cher et éminent compatriote,

Souffrez que je vous dédie ce modeste ouvrage, destiné à faire connaître et aimer un coin de notre Algérie, mon pays d'adoption, pays si beau, si riche, si français de cœur et d'âme.

Votre affectueux et très reconnaissant,

Jules RENARD.

Oran, le 10 mars 1887.

Paris, 24 mai 1887.

Mon cher monsieur Renard,

Je vous remercie de m'avoir dédié votre nouvel ouvrage. J'accepte bien volontiers ce témoignage de sympathie d'un cœur vaillant et d'un serviteur dévoué de la cause de l'instruction populaire.

Avec tous mes vœux pour votre succès, recevez mes meilleurs sentiments.

René GOBLET,

Député de la Somme.

PRÉFACE

L'auteur de ce modeste ouvrage a contracté une dette de reconnaissance envers tous ceux qui ont bien voulu lui faire l'honneur de lui fournir des renseignements, de revoir avec lui les pages qu'on va lire, ou simplement de lui prêter l'appui de leur patronage.

Il tient à déclarer qu'il est profondément touché de l'accueil sympathique qu'il a rencontré à toutes les portes où il a frappé. Son but, on le sait, est de faire connaître et aimer l'Algérie. D'autres, plus en relief que lui, peuvent se charger de la mission d'écrire sur ce pays pour les grandes personnes. Lui, plus humble, veut se borner à s'adresser aux enfants. C'est donc aux enfants que ce volume est destiné, aux enfants de cette colonie aussi bien qu'à ceux de la métropole.

L'auteur, on le verra de reste, n'est pas un savant. Il est tout au plus un homme de bonne volonté qui cherche à faire œuvre de vulgarisation en restant aussi exact que possible. Pour écrire ce petit livre, il a eu recours à de nombreux travaux, notamment à l'œuvre magistrale d'Élisée Reclus et au précieux Itinéraire de Piesse. Les paroles qu'il attribue à l'émir ou à d'autres personnages musulmans ne sont nullement de son invention. Il les a empruntées presque textuellement à l'intéressant ouvrage intitulé *Abd-el-Kader*, par Bellemare. Pour ce qui concerne la glorieuse affaire de Sidi-Brahim, il a surtout consulté la remarquable relation du capitaine Guénard, aujourd'hui instructeur au prytanée militaire de la Flèche. La scène de la soumission d'Abd-el-Kader est en partie racontée d'après le saisissant récit du docteur Verdalle. Bref, à part les pages qui ont seulement pour objet de délasser l'esprit du lecteur, ce livre constitue un recueil de notions exactes sur l'histoire et la géographie du département d'Oran.

Cela dit, que tous ceux qui ont eu la bonté

d'aider l'auteur dans sa tâche ou qui, par leur bienveillance, ont contribué à rendre cette tâche plus agréable et plus douce, veuillent bien lui permettre de leur offrir ici l'hommage de ses meilleurs sentiments de gratitude et l'assurance qu'il ne négligera rien pour se rendre de moins en moins indigne des marques d'intérêt et d'estime qu'ils ont daigné lui accorder.

JULES RENARD.

Paris, le 10 septembre 1887.

LES ÉTAPES
D'UN PETIT ALGÉRIEN
DANS LA PROVINCE D'ORAN

CHAPITRE PREMIER

PRÉPARATIFS DE VOYAGE

Au cours de l'année scolaire 1885-1886, mon père m'avait promis que, si je passais avec succès l'examen du certificat d'études, il me ferait faire un petit voyage de vacances à travers notre département.

Vous devez penser combien cette perspective me souriait et comme l'espoir de visiter Oran, Tlemcen et les autres localités sur lesquelles je n'avais que des notions sommaires, me donna de force et d'ardeur pour le travail. Aussi, quand arriva le jour de l'examen, étais-je, au dire du directeur de mon école, véritablement ferré sur les participes, le calcul, le système métrique, en un mot sur toutes les matières du programme.

Je fis de bonnes compositions écrites, et si, à l'oral, un des examinateurs ne m'eût un peu embrarassé en me demandant de lui tracer sur le tableau noir les divers chemins de fer de l'Algérie, je crois que j'aurais pu être reçu avec le numéro un.

Mais cette question, à laquelle je ne m'attendais pas, m'ayant troublé les idées, mon examen oral s'en ressentit, et, quand on proclama le résultat définitif, mon nom ne vint que le second sur la liste de mérite.

Mon père m'embrassa en me disant qu'il était satisfait tout de même et que j'avais mérité la récompense promise. « Mais, ajouta-t-il, nous ne commencerons notre petite excursion que dans les premiers jours de septembre, les chaleurs d'août étant vraiment trop fortes et trop fatigantes pour nous mettre en route immédiatement. »

Je restai donc le mois d'août à Saint-Denis-du-Sig, mon pays natal, employant une partie de mon temps à faire mes préparatifs de voyage.

La petite ville de Saint-Denis-du-Sig, située à treize lieues à l'est d'Oran, est, pendant la plus grande partie de l'année, pleine de verdure et de fraîcheur. Elle compte plus de dix mille habitants, dont environ dix-huit cents Français. Mes parents, fuyant la domination allemande, y ont transporté leurs pénates après les désastres de 1870-1871, et souvent ils m'ont répété qu'au printemps Saint-Denis-du-Sig leur rappelait la France. Mon enfance s'est écoulée doucement à l'ombre des trembles, des mûriers et des eucalyptus dont sont plantées les larges et belles rues de ce centre agricole, où les

La grande rue à Saint-Denis-du-Sig.

Arabes des campagnes voisines affluent les jours de marché.

Mais au mois d'août, quand l'atmosphère est chargée de vapeurs chaudes et humides, ou quand le siroco sec et brûlant souffle, j'avoue que le séjour de Saint-Denis-du-Sig n'est pas précisément un séjour enchanteur.

N'importe, l'espoir de voyager me donnait du courage, et chaque jour, après déjeuner, pendant que mon père faisait la sieste, je déployais une carte de l'Algérie et je marquais avec des épingles les principaux points de notre futur itinéraire, pendant que mon petit frère Georges, fâché d'être tenu à l'écart, protestait énergiquement auprès de notre maman.

Quel bon petit garçon que mon frère Georges, mais quel diable aussi! Il a en ce moment un peu plus de trois ans. Il jase à tort et à travers, mêle les couplets de *la Marseillaise* à ceux d'*Au clair de la lune*, court pieds nus, roule par terre, casse ses jouets, pleure à chaudes larmes, mange en se barbouillant jusqu'aux yeux et dort, les poings fermés, du véritable sommeil des justes.

Bien qu'il ne soit pas toujours commode, je l'aime bien, mon petit frère Georges.

J'aime aussi beaucoup ma sœur Julia, qui est née en France; mais elle était si petite quand elle est venue en Afrique qu'elle ne se souvient pas du tout d'avoir traversé la mer. C'est aujourd'hui une grande et belle fille qui a près de quinze ans, c'est-à-dire trois ans de plus que moi.

Il allait m'en coûter beaucoup de me séparer d'elle, de maman et de Georges, car jusqu'à présent nous ne nous étions jamais quittés. Mon père seul voyageait de temps à autre pour ses affaires, et alors

Mon petit frère Georges.

c'était le frère de ma mère, notre oncle Jean, qui prenait la direction de la maison. Pendant notre absence, il allait encore en être ainsi. Connaissant le dévouement à toute épreuve de l'oncle Jean, nous pouvions du moins partir sans aucune espèce d'inquiétude au sujet de ceux des nôtres que nous allions laisser à Saint-Denis-du-Sig.

CHAPITRE II

EN ROUTE POUR ORAN

Donc, le mercredi 1er septembre, nos malles étaient faites, et, vers les cinq heures du soir, nous étions tous réunis à la gare.

Pendant les quelques minutes qui précédèrent le départ du train, ma sœur me fit promettre de consigner pour elle mes notes et impressions de voyage sur un joli carnet qu'elle me remit à cet effet; ma mère et l'oncle Jean nous recommandèrent de leur donner souvent des nouvelles de notre santé; quant à mon petit frère Georges, il était surtout occupé à regarder avec de grands yeux étonnés la locomotive qui allait nous emporter à Oran.

Le signal du départ ayant été donné, nous nous embrassâmes tous, et à peine mon père et moi fûmes-nous montés en wagon, que la locomotive siffla et que le train s'ébranla.

J'eus un instant le cœur gros en apercevant, à travers les larmes qui m'étaient venues dans les yeux, mon petit frère qui se cachait la tête dans les plis de la robe de maman. Il était très effrayé du sifflement strident de la machine et de la marche bruyante du convoi, lequel lui faisait l'effet d'une longue et énorme bête noire vomissant de la fumée.

Mon père et moi restâmes un moment silencieux, songeant à ceux que nous laissions derrière nous.

En moins de temps qu'il n'en faut pour l'écrire, toute mon enfance me repassa devant l'esprit. Je me revis à l'âge de mon frère Georges, au temps où ma mère me montrait, dans un beau livre, les châteaux féodaux, les cathédrales gothiques, les batailles célèbres, les nobles dames, les brillants chevaliers, les reines, les rois et les empereurs de l'histoire de France! Quels cris de joie quand, tournant le feuillet, je reconnaissais Charlemagne, Jeanne d'Arc ou François Ier!

Et puis je me revis un peu plus grand, alors que je commençai à aller à l'école. Je pensai au plaisir que j'avais de rapporter le samedi un bon bulletin à ma mère, aux gros baisers qu'elle me donnait et qui étaient ma plus douce récompense. Enfin je me rappelai avec quel bonheur j'étais accouru lui annoncer que j'avais été reçu le second aux examens. Ah! jusqu'à présent mon existence avait été heureuse! Rien ne m'avait manqué, ni les soins matériels, ni les bons exemples, ni les sages conseils, ni l'affection d'une famille unie et honnête dont, hélas! trop d'enfants sont privés!

Pendant que je me livrais à ces réflexions, nous laissions derrière nous le Sig, que je n'ose appeler rivière, puisque ce mot éveille l'idée d'une eau courante. Or, à cette époque de l'année, le lit du Sig, comme celui de beaucoup d'autres oueds de l'Algérie, est à peu près desséché. Il ressemble à un chemin creux. Ses hautes berges jaunâtres et terreuses ont quelque chose de morne et de désolé. Viennent les pluies de l'hiver, et ce chemin creux deviendra un torrent coulant à pleins bords et entraînant avec lui une partie de ses rives.

Sur le Sig et l'Habra, qui se réunissent pour former la Macta, on a établi des barrages donnant naissance à des lacs artificiels. Le barrage de l'Habra, le plus considérable de l'Algérie, peut retenir jusqu'à quarante millions de mètres cubes d'eau; celui du Sig peut en arrêter quatorze millions. Toute cette eau est ensuite distribuée régulièrement par des canaux qu'on alimente à volonté et qui permettent, même pendant les plus fortes chaleurs, d'arroser les cultures voisines. Mais ces immenses réservoirs, qui entretiennent la fertilité et la vie, deviennent parfois une cause de ruine et de mort. Pendant l'hiver de 1881, le mur du barrage de l'Habra, haut de trente-quatre mètres, long de quatre cent quarante-cinq, s'écroula, livrant passage à la masse liquide qui dévasta les campagnes environnantes et noya cent soixante personnes. En 1885, ce fut le tour de la digue du Sig, qui, en se rompant, jeta la terreur et la désolation dans ma ville natale.

Aujourd'hui le barrage de l'Habra est reconstruit, et les braves colons de cette région se sont remis à l'œuvre avec une ardeur nouvelle. Ah! la question de l'eau, c'est la grande question en Algérie. Partout où vous y rencontrerez ce précieux liquide, vous y trouverez en même temps la fécondité et la richesse.

Nous nous éloignons rapidement, et bientôt nous laissons à notre droite un taillis ou plutôt une brousse dite forêt de Moulaï-Ismaïl, laquelle compte plus de douze mille hectares peuplés d'oliviers, de thuyas, de lentisques, de pins d'Alep, etc.

« Cette forêt, me dit mon père, tire son nom d'un chérif marocain, nommé Moulaï-Ismaïl, contemporain du commencement du siècle précédent, alors qu'Oran appartenait aux Espagnols. En l'année 1707, il attaqua ces derniers et voulut leur prendre leur ville; mais il fut vaincu et dut chercher son salut dans la fuite. Après avoir vu périr son armée, il erra dans cette forêt, que je connais pour y être venu chasser quelquefois. On raconte qu'il dit alors aux quelques officiers qui l'avaient suivi : « Oran « est comme une vipère à l'abri sous un rocher; « malheur à l'imprudent qui y touche! »

CHAPITRE III

ARRIVÉE A ORAN

Nous arrivâmes à Oran le soir à sept heures, c'est-à-dire un peu après le coucher du soleil. Mon père prit une des nombreuses calèches qui stationnent d'ordinaire à l'entrée de la gare et commanda au cocher de nous conduire à l'*Hôtel de la Paix*. Pendant ce trajet, qui dura vingt minutes, je pus jeter un premier coup d'œil sur la ville. Les rues en sont sillonnées de voitures de place, d'omnibus et de lourdes charrettes parmi lesquels circulent de nombreux piétons habillés diversement, mais chez lesquels le costume européen domine. D'abord voici des Espagnols tels que j'en ai vu à Saint-Denis-du-Sig. Ils rentrent en ville avec leurs attelages chargés d'alfa et traînés par de longues files de mulets. En passant, ils échangent une parole ou un sourire avec les femmes ou jeunes filles de leur nation, lesquelles sont gaies, vives, bruyantes. Puis voilà des militaires de tous grades et de tous corps, zouaves, artilleurs, chasseurs à cheval, que le soleil d'Afrique a bronzés et qui ont, quoique jeunes encore, l'air dégagé et martial de vieux soldats.

Oran.

Ces promeneurs que j'aperçois à gauche, sur la place d'Armes, à côté de l'hôtel de ville en construction, sont des israélites ou Juifs indigènes. Les uns portent la lévite, le pantalon à pied et le bonnet noir; d'autres, une culotte courte et une veste bariolée frangée d'or. Plusieurs sont affublés d'une casquette de velours qui jure terriblement avec leur vêtement oriental. Quelques jeunes femmes juives, vêtues de robes damassées d'or et de soie, traversent la rue; elles sont accompagnées de servantes recouvertes d'un châle rouge sang de bœuf et chaussées de larges babouches. Rue Philippe, des Arabes, insouciants, imperturbables, sortent de la mosquée. Ils viennent sans doute d'y faire leur prière. Je remarque aussi une ou deux Mauresques qui, le corps complètement enveloppé d'un haïk, ont l'air de paquets de linge qui marchent. Autour de la place Kléber, sur laquelle donne la chambre où l'on nous installe, je ne vois, à part quelques petits cireurs indigènes, que des maisons, des figures et des costumes français.

En somme, le chef-lieu du département d'Oran me paraît une belle et grande ville inachevée, remarquable surtout par l'activité fiévreuse qui semble y régner parmi la population européenne.

En dînant, mon père, qui connaît bien son département d'Oran, me dit :

« Tu n'as fait jusqu'à présent qu'entrevoir cette ville, qui grandit et se transforme presque à vue d'œil et qui est aujourd'hui une des premières de l'Algérie au point de vue commercial. En attendant que nous la visitions plus en détail, laisse-moi te dire sommairement ce qu'elle fut dans le passé.

« Fondée au xe siècle par les Maures d'Andalousie, Oran se développa rapidement, grâce à l'heureuse situation du port voisin, appelé Mers-el-Kébir ou le Grand Port. Plus tard, quand les Maures furent chassés de l'Espagne, les Espagnols vinrent les poursuivre jusque sur le sol africain et, au commencement du xvie siècle, ils s'emparèrent de Mers-el-Kébir et d'Oran. Tu sais que la distance entre Oran et la côte espagnole est peu considérable. Dans les jours les plus clairs, du sommet du Mourdjadjo, au pied duquel nous sommes, on aperçoit confusément les montagnes de la province de Murcie. Les Espagnols pouvaient donc surveiller de près leur nouvelle conquête, et leurs navires de guerre, avec un vent favorable, pouvaient aller d'une rive à l'autre en un ou deux jours. A présent, avec la vapeur, les paquebots effectuent ce trajet en huit heures.

« Pendant près de trois siècles, Oran appartint donc aux Espagnols. Il y eut bien, au cours de ces trois siècles, une petite interruption de vingt-quatre années, de 1708 à 1732, période pendant laquelle la ville fut au pouvoir des Turcs, mais ce ne fut qu'en 1792, au temps de la Révolution française, que les Espagnols finirent par abandonner définitivement la place.

« Après leur départ, Oran resta encore trente-neuf ans sous la puissance des Turcs. Quand l'armée française eut pris Alger en 1830, Hassan, bey d'Oran, fit sa soumission, et le général Damrémont occupa cette ville le 4 janvier 1831. Depuis lors, l'ancienne cité arabe, espagnole, turque, juive, nègre, ruinée par le tremblement de terre de 1790, a pris, à l'ombre du drapeau français, un vigoureux essor, et aujourd'hui sa population atteint près de soixante-dix mille habitants. »

J'avais écouté avec la plus vive attention ces intéressants détails, et j'allais questionner mon père sur ce fameux tremblement de terre de 1790, quand un de nos amis oranais vint nous prendre pour faire un tour de promenade sur la place de la République.

C'est une grande place, bordée de hautes maisons, de beaux jardins, et d'où l'on a vue sur la mer. Je pus tout à mon aise admirer cette vaste Méditerranée qui se perd dans les brumes de l'horizon et qui, ce soir-là, était calme comme un lac. Pas un nuage au ciel, dont les étoiles illuminaient les profondeurs. L'atmosphère, surchauffée dans la journée par un soleil ardent, était devenue douce, grise et un peu humide. Une légère brise me caressait le visage. Je me mis à songer à ma mère, à l'oncle Jean, à mon petit frère Georges, et, tout en rêvant, ma vue tomba sur une étoile dont, avec ma sœur, j'avais souvent observé le reflet. « Qui sait, me dis-je, si, attristée par notre départ, Julia ne fixe pas elle-même cet astre en ce moment? » Et il m'était agréable de penser que nos regards pouvaient, à travers l'espace, se rencontrer sur la même étoile.

La place de la République à Oran.

CHAPITRE IV

A TRAVERS ORAN

A la première heure du jour, Oran s'éveille. Nous étions encore au lit, que nous entendions crier dans les rues les journaux du matin.

En sortant de l'hôtel, nous montâmes par un escalier à la promenade Létang, qui s'étend au pied des fortifications du Château-Neuf, ancienne résidence du bey, devenue celle du général commandant la division. Cette promenade est assurément un des endroits les plus charmants de l'Algérie. Plantée d'arbres et de fleurs, dominant la mer qui la rafraîchit sans cesse par ses brises, elle est le principal lieu de réunion des habitants les jours de musique militaire. De ses allées ombragées, on aperçoit le port d'Oran, construit au moyen d'une jetée de 1200 mètres, ébranlée et ébréchée quelquefois par les tempêtes. C'est maintenant ici, et non plus à Mers-el-Kébir, que les navires viennent directement charger les céréales, les alfas, les vins de la province.

« Mais, me dit mon père, il reste encore bien des travaux à faire pour rendre ce port digne d'une ville par laquelle se fait le tiers du commerce algérien.

La promenade Létang à Oran, d'après une photographie de M. Cairol.

Regarde, les quais en sont inachevés et des milliers de sacs de blé, d'orge et d'avoine y sont exposés aux intempéries. »

Nous suivîmes la promenade Létang, ayant à notre gauche la mer, qui scintillait sous les feux du matin. Quelques embarcations y voguaient çà et là dans le golfe qui s'étend du cap Falcon à la pointe de l'Aiguille. Le soleil montait rapidement dans le ciel bleu et dardait sur le port et la ville ses rayons brûlants. Nous rentrâmes à l'intérieur d'Oran en passant devant le cercle militaire, coquettement encadré de verdure, et auprès duquel se trouvent la place d'Armes et l'hôtel de ville. En face de ce joli monument s'élèvent de belles et vastes constructions et notamment le nouveau lycée.

Nous les examinâmes un instant, puis mon père me dit :

« Veux-tu que nous allions visiter le musée? »

Cette proposition me sourit d'autant plus qu'à l'école on m'avait souvent parlé des musées et que ce qu'on m'en avait dit avait vivement excité ma curiosité.

J'appris que celui d'Oran était dû en grande partie à l'initiative d'un honorable officier, le commandant Demaeght.

Il y a environ deux ans, ce savant fit appel à ses amis, provoqua des dons, se mit personnellement à l'œuvre, et, secondé par l'importante société de géographie de la province, réussit à mener à bien sa difficile entreprise.

« Tu pourras, ajouta mon père après m'avoir donné

L'hôtel de ville d'Oran, d'après une photographie de M. Cairol.

ces renseignements, trouver que l'installation laisse à désirer et que les collections sont encore bien modestes ; mais, tel qu'il est, ce musée rend déjà de sérieux services. Tu vas d'ailleurs t'en convaincre par toi-même. »

Nous passâmes une bonne heure à regarder les nombreux objets recueillis dans le département et remontant aux Romains, qui ont été autrefois les maîtres de ce pays. Les mosaïques de Saint-Leu, découvertes au village de ce nom, près d'Arzew, et qui sont, dit-on, une véritable richesse archéologique, m'ont particulièrement intéressé, ainsi que les statues, les amphores et les monnaies romaines. Toutes ces pierres, toutes ces ruines, tous ces débris, avec leurs inscriptions traduites et expliquées, permettent de reconstituer l'histoire d'un passé qui n'a pas été sans gloire, et qui peut nous donner une idée du brillant avenir réservé à l'Algérie.

Mais ces antiquités ne sont pas les seules curiosités qu'on y rencontre. La société de géographie a eu la bonne idée d'y exposer les principaux produits du pays, de façon que le voyageur, le touriste qui débarque à Oran et qui ne peut disposer de plusieurs jours pour visiter la province, ait immédiatement sous la main des renseignements exacts sur sa faune, sa flore et ses minéraux.

Du musée, nous nous rendîmes au nouvel hôpital civil, qui est réputé un des plus beaux, non seulement de l'Afrique, mais du monde entier.

Situé sur un plateau où l'air se renouvelle sans

cesse, enclos dans un terrain d'une superficie de plus de 10 hectares et planté de milliers d'arbres d'essences diverses, pins, sapins, ormeaux, figuiers, araucarias, etc., cet établissement a l'aspect le plus frais et le plus gai qu'on puisse rêver.

La porte et la grille d'honneur donnent sur le boulevard Sébastopol. En jetant leurs regards au delà de cette porte, les malades ont, au nord, la vue du Mourdjadjo, presque toujours couvert de nuages, et celle de la mer.

Une avenue plantée d'arbres qu'on m'a dit être des faux poivriers, et qui ressemblent à des saules, va de la porte d'entrée à l'extrémité opposée. Cette avenue, appelée avenue Tirman, du nom du gouverneur actuel de l'Algérie, est coupée à angle droit par trois autres avenues parallèles et également bordées d'arbres. De sorte que les pavillons où habitent les malades sont, de tous les côtés, entourés de verdure.

« Voilà, me dit mon père, un établissement vraiment admirable, et la ville d'Oran a raison d'être fière de son hôpital. On a bien fait de ne lésiner ni pour l'utile ni pour l'agréable, l'agréable ici pouvant être souvent le meilleur des remèdes.

— Oui, répondis-je, et je suis bien content de ce que j'ai vu ce matin. Je noterai tout cela sur mon carnet. J'y ajouterai qu'Oran travaille à s'embellir, qu'on y construit de toutes parts de vastes monuments publics et de belles maisons particulières, que la population y est active et laborieuse, en un mot que cette ville paraît appelée à un brillant avenir. »

CHAPITRE V

LE TREMBLEMENT DE TERRE DE 1790

Nous revînmes à l'hôtel par des rues originales passant les unes sous les autres, se rattachant par des escaliers, et dont les maisons, généralement tournées vers la mer, s'élèvent parfois à des hauteurs inquiétantes.

Ceci me remit en mémoire le fameux tremblement de terre dont mon père m'avait touché un mot la veille, et, en déjeunant, je ne pus m'empêcher de dire :

« Puisqu'Oran a été ruinée par un tremblement de terre à la fin du siècle dernier, comment se fait-il qu'on ne craigne pas d'y faire des constructions aussi hardies que celles que nous venons de voir sur plusieurs points de la ville?

— Que veux-tu? mon fils, me répondit-il, les hommes oublient vite, et pourtant ce fut quelque chose d'épouvantable que le tremblement de terre qui eut lieu à Oran en 1790.

— Ah! papa, m'écriai-je, je t'en prie, parle-moi un peu de ce terrible événement.

— Volontiers, » dit mon père, et, après un court silence, il s'exprima à peu près en ces termes :

« Cela commença par de légères secousses et des bruits sourds.

« A partir des premiers jours de septembre 1790, la population fut plongée dans une vive anxiété.

« Puis il y eut une espèce de répit, quinze jours de calme, calme trompeur, comme celui qui précède les grandes tempêtes.

« La journée du 8 octobre avait été particulièrement lourde et fatigante. La nuit tomba sans que la brise qui se lève ordinairement sur la mer vînt rafraîchir l'atmosphère.

« Les habitants s'étaient endormis, et un profond silence s'était fait sur la ville, silence rompu seulement par le cri lugubre des veilleurs de nuit, quand, vers une heure du matin, on sentit soudain le sol osciller, pendant qu'un grondement formidable, pareil au roulement du tonnerre, se faisait entendre.

« Tout le monde se réveille, surpris et effrayé. Mais que faire? D'ailleurs, le temps et le sang-froid manquent. Les secousses, brusques, violentes, se succèdent avec rapidité. A la vingt-deuxième, toutes les maisons de la ville sont renversées et ne présentent plus qu'un amas de ruines.

« Les plaintes, les gémissements, les cris de détresse des habitants remplissent les airs.

« Les uns sont étouffés dans leurs lits, les autres écrasés par des pans de mur; ceux qui ont réussi à s'échapper de leurs habitations se réfugient sur les places publiques. Les bâtiments de la Casba sont horriblement remués. Ceux situés à la partie supérieure des pentes sont projetés avec fracas sur ceux de la partie inférieure. Le gouverneur général espagnol, don Nicolas Garcia, sa famille et son entourage, sont au nombre des victimes.

« J'ai lu dans l'histoire d'Oran que, sur sept cent soixante-cinq hommes d'un régiment espagnol, le régiment des Asturies, vingt seulement purent échapper à la mort.

« Au milieu du deuil public, les survivants réclamaient à grands cris qu'on leur ouvrît les portes de la ville, afin de pouvoir fuir dans la campagne et se soustraire ainsi à la chute des édifices, partout ébranlés. Mais les clefs de la ville et une partie de la maison du gouverneur étaient ensevelies sous les ruines de l'église métropolitaine.

« Il fallut donc bon gré mal gré rester dans la place, parmi les murailles encore debout et qui, à chaque commotion du sol, oscillaient d'une manière effrayante.

« Quand le comte de Cumbre-Hermosa eut acquis la certitude que le gouverneur général était mort, il prit aussitôt le commandement et prescrivit les mesures les plus rigoureuses pour sauver ceux qui jusqu'alors avaient eu le bonheur d'être épargnés.

« Mais c'était bien difficile, car, pendant cette nuit fatale, le feu s'était communiqué aux habitations, et c'était à la sinistre lueur des incendies qu'elles s'étaient écroulées.

« Le lendemain, quand le soleil parut et éclaira ces décombres fumants sous lesquels étaient enfouis trois mille cadavres, ce fut un spectacle d'une désolation inouïe.

« Il n'y avait plus ni tentes, ni baraques, ni hôpitaux ; les médicaments étaient enterrés, les médecins morts ou blessés. Les vivres manquaient. Il restait bien de la farine, mais pas de fours pour faire cuire le pain.

« Les infortunés survivants étaient parqués à ciel ouvert, nus ou presque nus, car, dans leur précipitation, ils n'avaient pu songer à se couvrir.

« Pour comble de malheur, le bey de Mascara, Mohammed-el-Kébir, profitant de la consternation générale, vint attaquer Oran. Après diverses péripéties et négociations qui ne durèrent pas moins de dix-huit mois, les Espagnols capitulèrent.

« Quand les derniers d'entre eux montèrent sur les navires qui devaient les ramener dans leur patrie, le bey Mohammed, placé sur une des collines qui environnent Oran, fit tirer d'innombrables salves d'artillerie, auxquelles d'immenses acclamations de la foule se mêlèrent. Puis, précédé des fanfares guerrières et des bannières de l'Islam flottant joyeusement sous les rayons du soleil africain, il entra à cheval dans la ville et en prit solennellement possession.

« Et voilà, conclut mon père, comment d'espagnole Oran devint turque, en attendant qu'elle devînt française.

— Je te remercie, lui dis-je, de m'avoir fait cette

petite leçon d'histoire. Mais, c'est égal, à la place des habitants de certaines maisons d'Oran, je ne serais pas plus rassuré que cela. C'est très joli de grands monuments publics, des maisons particulières à trois et à quatre étages, quand on est sûr que le sol ne bouge pas. Mais à Oran, après ce qui s'est passé il y a moins d'un siècle, je pense qu'il faut une certaine dose d'insouciance et de témérité pour dormir tranquille dans les hautes habitations en pierre que j'y ai remarquées.

— Tu as peut-être raison, mon fils, mais les Oranais sont bien trop affairés pour s'inquiéter d'éventualités de ce genre. Si le sol s'agitait de nouveau, ils en prendraient héroïquement leur parti en répétant ce mot, qu'ils ont appris des Arabes : *C'était écrit.* »

CHAPITRE VI

LETTRE A MA SOEUR JULIA

« Ma chère sœur,

« Nous devons aller visiter une grande propriété des environs de Saint-Cloud, et je ne veux pas quitter Oran sans te donner de nos nouvelles.

« Aujourd'hui, cette dernière ville a présenté une animation extraordinaire. C'était jour d'élections, et cela avait l'air de chauffer. Les murs étaient recouverts d'affiches blanches, jaunes, rouges, vertes, et l'on pouvait voir de nombreuses voitures, chargées d'électeurs, se diriger vers les salles de vote.

« Mais ceci ne peut t'intéresser que médiocrement, n'est-ce pas? Aussi vais-je laisser ce sujet pour t'entretenir d'autre chose.

« D'abord, depuis quatre jours que je cours avec papa à travers Oran, je n'ai cessé de penser à toi. J'ai déjà griffonné bien des pages sur le joli carnet que tu m'as donné. Nous les lirons ensemble pendant les longues soirées de l'hiver prochain, et cela nous fera passer quelques heures agréables.

« Nous avons été invités à déjeuner chez plusieurs

personnes de la ville, et naturellement on y a causé de mille choses locales. Eh bien, chère Julia, d'après tout ce que j'ai entendu dire, je me sens beaucoup de sympathie pour la population oranaise, remarquable par son amour du progrès, son esprit d'initiative et son bon cœur.

« Pour l'instruction, il n'y a pas de sacrifices que la ville d'Oran ne se soit imposés. Il y a trois ans, le conseil municipal vota en une seule fois la création de cinquante-sept nouveaux postes d'instituteurs et d'institutrices. De nombreuses et nouvelles chaires furent aussi fondées au collège, qui va bientôt être érigé en lycée national[1] dans un grand bâtiment neuf exposé aux brises salubres de la mer et qui, une fois achevé, sera un des plus beaux monuments de la cité.

« Grâce à l'initiative privée, Oran possède une école professionnelle, une bibliothèque populaire qui, en quatre ans, a effectué plus de vingt-cinq mille prêts de livres, et un bataillon scolaire, le premier et jusqu'à présent le seul de l'Algérie. Je ne te parle pas ici du musée, sur lequel tu trouveras des renseignements dans les notes de mon carnet.

« Je ne peux, ma chère sœur, te donner de meilleur exemple des sentiments de fraternité qui animent les habitants d'Oran qu'en te relatant l'acte spontané accompli par eux il y a six semaines.

« Le conseil municipal d'alors, n'ayant pas cru

1. Il l'est aujourd'hui. Un collège de jeunes filles vient d'être également créé à Oran.

devoir, en raison de la situation financière de la commune, ouvrir de crédit pour achat de livres destinés à être offerts en prix aux élèves des écoles primaires publiques, un comité, formé des membres de la presse, adressa un appel à la population, et, en moins de huit jours, la somme ou les livres nécessaires étaient recueillis. Un riche israélite indigène s'inscrivit à lui seul pour un billet de mille francs.

« Avec tout cela, Oran aime à s'amuser, et ce n'est pas sans quelque raison qu'on a pu la surnommer la joyeuse Oran. Deux ou trois théâtres, dont un théâtre espagnol, y jouent parfois en même temps, et partout il se rencontre des spectateurs. Le dimanche après midi, les familles s'éparpillent dans la banlieue, soit au coquet village de Gambetta, où les arbres commencent à grandir et à donner de l'ombrage, soit à Eckmühl, lieu de réunion de la société de tir mixte et siège de l'école normale des jeunes filles, soit au camp des Planteurs, où de belles allées coupent un bois de pins d'Alep, soit encore au joli hameau de Sainte-Clotilde, niché dans un pli de terrain, non loin de la mer et de la route poudreuse qui va d'Oran à Mers-el-Kébir.

« Hier, nous sommes montés au fort Saint-Grégoire, un des nombreux travaux exécutés par les Espagnols pour la défense de la place. Papa m'a dit qu'Oran ayant été longtemps le bagne de l'Espagne, ce furent les forçats qui construisirent ces prodigieuses fortifications dont l'œil est un peu surpris.

« Du fort Saint-Grégoire, les maisons paraissent

entassées les unes sur les autres. C'est un amas de toits et de terrasses parmi lesquels on aperçoit, à travers l'atmosphère que la chaleur fait trembler, les minarets des mosquées, au sommet desquels les cigognes font leurs nids, les tours rondes du Château-Neuf, qui rappellent les vieux manoirs féodaux, les arbres de la promenade Létang, puis çà et là quelques édifices publics d'aspect plus moderne, enfin des murs ou des tas de pierres formant des lignes droites, des carrés, des étoiles, etc.

« Au delà de ces ouvrages militaires, qui représentent un labeur extraordinaire, Oran s'étend tous les jours davantage à l'est, c'est-à-dire vers Gambetta, et au sud, c'est-à-dire vers Eckmühl. Si bien qu'aujourd'hui la ville occupe une superficie cinq fois plus considérable qu'à l'époque de la conquête.

« Mais en voilà assez pour aujourd'hui, et d'ailleurs il se fait tard. N'oublie pas de m'écrire à ton tour et de me donner mille détails sur la maison. Comment va mon cher petit frère Georges? Est-il toujours aussi diable? Se sauve-t-il toujours au jardin pieds nus et en chemise? Parle-t-il de nous? Et maman, ne s'ennuie-t-elle pas un peu? Je n'ai pas besoin de te recommander de lui lire ma lettre, ainsi qu'à l'oncle Jean, si dévoué pour nous. Embrasse-les bien tous deux, et Georges aussi, en mon nom et en celui de papa.

« Quant à toi, ma chère sœur, tu sais que je suis pour la vie ton frère tout dévoué,

« Louis. »

CHAPITRE VII

LA VIGNE

Nous voilà de retour à Oran après avoir traversé la campagne environnante, où partout nos vignerons algériens sont à la recherche de futailles, car cette année la récolte a décidément dépassé toutes les espérances.

Pour les vignes de quatre ans, dans beaucoup d'endroits le rendement a été de 50 à 60 hectolitres par hectare; quant aux vignes plus âgées, on nous en a montré qui ont fourni jusqu'à 100 hectolitres.

Le vin est brillant, de haut goût et de jolie couleur. Aussi il faut voir comme nos braves colons sont contents. Quelle gaieté partout! Chacun se sent heureux de vivre, et tout le monde a le cœur bon, car rien ne dispose à la bonté comme la prospérité.

« La vigne, me dit mon père, voilà la grande source de richesse de l'Algérie. Aussi en plante-t-on maintenant dans toute la région du Tell et même sur les Hauts-Plateaux. Mais il n'y a guère que quelques années qu'on se livre sérieusement à cette culture. Quand je pense que jusqu'en 1850 l'introduction des cépages fut interdite ici comme contraire aux intérêts de la mère patrie ! Heureusement qu'on s'est ravisé et rattrapé depuis. En 1864, la vigne n'existait que sur une surface inférieure à 10 000 hectares. Vingt ans après, en 1884, elle couvrait un territoire six fois plus considérable, et, l'an dernier, le vignoble algérien s'augmentait encore de 15 000 hectares. De sorte qu'on peut évaluer à plus de 70 000 hectares la portion de notre territoire où les pampres couvrent le sol d'une réjouissante verdure.

« Les indigènes eux-mêmes sont entrés dans le mouvement, et, en dépit des préceptes du Coran, un certain nombre d'entre eux ont commencé à cultiver la vigne et à faire du vin.

« La vendange de 1885 a produit près d'un million d'hectolitres; songe à ce que sera celle de 1886 ! »

Et comme mon père vit que je prenais intérêt à tous ces chiffres, il ajouta :

« Je ne comprends pas que le courant d'émigration de France en Algérie ne soit pas plus fort en présence des magnifiques résultats que l'on peut obtenir en travaillant cette terre qui jadis fut la nourrice de Rome et qui, de nos jours encore, renferme dans son sein d'incalculables richesses. Je trouve surtout étrange que les capitaux français n'y affluent pas, car il est certain qu'ils produiraient ici des revenus autrement considérables que ceux qu'ils peuvent rapporter dans la métropole. »

C'est pour me démontrer l'exactitude de ce qu'il avançait, que mon père m'a fait visiter hier un riche domaine situé sur le territoire de Saint-Cloud, à environ sept lieues d'Oran.

Ce domaine, d'une contenance de 200 hectares, est situé au pied du djebel Kahar, ou montagne des Lions, qu'on aperçoit de plusieurs lieues à la ronde et qui a une vague ressemblance avec un immense lion au repos.

Le propriétaire, M. Fondère, après nous avoir offert des rafraîchissements, nous fit les honneurs de sa vigne, que les vendangeurs avaient déjà dépouillée de ses fruits, mais dont les sarments étaient encore garnis de leurs feuilles vertes à peine jaunissantes.

Mais comme il faisait une chaleur accablante et que nous sentions le soleil nous piquer ses flèches dans le dos, nous ne restâmes que quelques minutes dehors.

« Au surplus, nous dit M. Fondère, ce n'est pas dehors qu'il faut regarder, c'est dedans. Venez voir mon chaix. »

Nous le suivîmes, et bientôt nous entrâmes dans un vaste bâtiment, long de 75 mètres et large de 14, où de nombreux et vigoureux ouvriers, au visage bronzé et à la poitrine velue, étaient occupés aux travaux multiples et intéressants de la vinification.

J'étais frappé de cette installation grandiose et je cherchais à calculer la contenance des énormes foudres placés sur des supports en maçonnerie, lorsque M. Fondère dit à mon père :

« Il pourrait entrer ici plus de 10 000 hectolitres de vin, et remarquez que notre organisation nous permet de faire les travaux de la vendange avec une grande rapidité. Savez-vous combien nous avons mis de temps pour encaver la récolte? Douze jours, monsieur, douze jours! Et si les comportes ne nous avaient fait défaut, nous aurions encore été plus vite. »

Mon père demanda alors à M. Fondère ce qui l'avait déterminé à venir en Algérie et comment il avait fait pour réussir à créer une aussi belle propriété.

« Je ne connaissais l'Algérie, répondit-il, que pour y avoir acheté des vins. Comme j'appréciais fort les qualités de vos crus, je me dis qu'il y avait certainement quelque chose à faire dans ce pays, qui n'est malheureusement pas assez connu en France, même dans le midi, et je vins tenter de constituer le vignoble que vous avez sous les yeux.

« Ce ne fut pas sans peine, je l'avoue. J'eus d'abord à vaincre l'opposition que je rencontrai chez mes amis et, même au sein de ma famille, puis les difficultés d'un premier établissement; mais j'avais la foi, et, vous voyez, mes espérances se sont à peu près réalisées.

— Grâce à votre courage et à votre opiniâtreté, interrompit mon père.

— Ah! c'est vrai, repartit M. Fondère. Du courage, il m'en a fallu, et de l'opiniâtreté aussi. Mais aujourd'hui j'ai la satisfaction de constater que mes efforts n'ont pas été vains. Mes premières plantations ne remontent pas à plus de cinq ans. J'ai engagé dans cette entreprise un capital de 600 000 francs, matériel compris La récolte de cette année, comme je vous l'ai dit tout à l'heure, s'élève à 8000 hectolitres.

« 8000 hectolitres à 30 francs, cela fera 240 000 fr.

« En déduisant de ce chiffre les frais d'exploitation, qui sont de 50 000 francs environ, il me restera 190 000 francs de bénéfice.

« Que je fasse encore deux récoltes comme celle-ci, et mon capital me sera remboursé. Après cela, je vous laisse le soin de compter ce que me rapportera mon domaine. »

Nous quittâmes la ferme au coucher du soleil, et notre voiture nous emporta rapidement vers Oran. Nous avions à peine fait 1 ou 2 kilomètres que la lune, alors dans son plein, se leva majestueuse à l'horizon. Sa douce clarté ayant succédé aux rayons de feu de l'astre du jour, la température se rafraîchit un peu, et bientôt le silence se fit de toutes parts. La transparence de l'atmosphère était telle que les étoiles semblaient palpiter dans l'immensité. A notre droite, le djebel Kahar, dont nous nous éloignions de plus en plus, prenait de belles teintes violettes et se profilait avec une grande netteté sur le ciel bleu foncé. On pouvait facilement se faire illusion et croire que ce n'était pas la nuit, tant la vue s'étendait au loin. Les arbres, les fermes, les villages bordant la route, avaient un aspect féerique. Çà et là un Arabe, semblable à quelque blanc fantôme, glissait et disparaissait dans la campagne argentée, peuplée de formes vaporeuses et impalpables.

Ah! elles ont un charme inexprimable, les nuits algériennes, et je ne m'étonne pas que les musulmans aient placé le croissant sur leur drapeau!

CHAPITRE VIII

D'ORAN A ARZEW

D'Oran à Arzew, la route traverse cinq villages : Assi-bou-Nif, Assi-Ameur, Assi-ben-Okba (le mot *Assi* veut dire puits), Mefessour et Sainte-Léonie. Plusieurs de ces villages sont coquettement bâtis sur de charmants coteaux. La route en forme l'artère principale, que viennent couper à angle droit des ruelles transversales. Les maisons, à demi cachées par des bouquets d'arbres, sont blanchies à la chaux et couvertes de tuiles. Aux abords des villages s'élèvent de nombreuses meules de paille. D'un village à l'autre, on rencontre des fermes isolées, des troupeaux de bœufs ou de moutons, des puits, des champs de maïs et surtout de la vigne. Où l'on a récolté du blé, de l'orge et de l'avoine, la campagne est nue et brûlée. Dans les vignes, au contraire, la brise caresse les feuilles crispées par les ardents rayons du soleil. Partout où il y a des arbres, voltigent des quantités d'oiseaux.

J'ai omis d'englober Saint-Cloud dans l'énumération précédente, parce que ce centre mérite, selon moi, une mention spéciale. Il vient après Assi-ben-Okba. C'est un chef lieu de canton très prospère, entouré de vignes superbes et planté de grands arbres. J'ai remarqué en passant des tentes et des guirlandes de feuillage fané dénotant l'entrain avec lequel avait été célébrée, le dimanche auparavant, la fête patronale de cette petite ville dont la population atteindra bientôt quatre mille habitants.

Quant à la route, il vaudrait peut-être mieux ne pas en parler, car je ne puis en dire qu'une chose : c'est qu'elle est mauvaise et poudreuse au delà de toute expression. Les pieds des chevaux y soulèvent des flots de poussière blanche et fine comme de la farine, et c'est au moyen des épais nuages poudreux s'élevant de distance en distance que je peux compter les véhicules qui précèdent celui qui nous emporte vers Arzew.

Aux environs de cette dernière ville, le sol devient tourmenté. Brusquement, à un tournant de la route, on aperçoit un petit coin de mer, puis un peu plus loin on a devant soi toute la rade où dorment à l'ancre cinq ou six gros navires.

Arzew, situé à 42 kilomètres d'Oran, est l'ancien *Portus magnus* des Romains.

En 1831, les troupes françaises étant bloquées dans Oran, le cadi du vieil Arzew n'hésita pas à leur fournir des vivres et des chevaux. Abd-el-Kader s'en vengea en étranglant ce cadi et en donnant l'ordre de piller la ville. Ce fut à la faveur de l'exaspération qui s'ensuivit que le général Desmichels s'empara de la place le 4 juillet 1833. Le traité de la Tafna, signé en 1837 entre Bugeaud et l'émir, nous en confirma la possession.

Le nouvel Arzew n'offre rien de bien extraordinaire, si ce n'est sa rade, qui est réellement magnifique.

Il est enclos de murs peu élevés et crénelés dont on a vite fait le tour. La mairie et le jardin public sont ce que j'y ai trouvé de mieux. A signaler encore l'église et le marché couvert.

Le docteur Suzzarini, maire d'Arzew et conseiller général, avec qui mon père a eu l'honneur de s'entretenir quelques instants, est d'avis que la ville prospérerait rapidement si l'État autorisait la municipalité à contracter un emprunt de 600 000 francs destinés à l'amélioration du port. Le remboursement de cet emprunt pourrait, dit-il, s'effectuer en six ans à l'aide d'un droit de 35 centimes par tonne, que la commune percevrait sur les marchandises.

Arzew manque d'eau douce, ou plutôt n'en a pas à discrétion. Une des trois sources qui l'alimentent ne fournit que de l'eau saumâtre. Quand la question du port et celle de l'eau douce seront résolues, Arzew prendra vite une place importante dans la province de l'ouest. Cette ville est en effet aujourd'hui la tête de ligne du chemin de fer de Mécheria. C'est à Arzew qu'arrive l'alfa exploité par la compagnie Franco-Algérienne sur une étendue de 300 000 hectares. Et c'est de la rade d'Arzew que cet alfa est expédié sur les divers marchés de l'Europe.

A 16 kilomètres au sud sont les salines d'El-Melah, où le sel se cristallise par l'évaporation naturelle de l'eau sur une surface de 4000 hectares. Quand un chemin de fer reliera ces salines à Arzew, on évalue à des millions de tonnes la quantité de sel pur qu'on pourra y transporter.

CHAPITRE IX

MAZAGRAN ET MOSTAGANEM

La distance est un peu plus grande d'Arzew à Mostaganem que d'Arzew à Oran. Sur la route, un souvenir domine tous les autres : c'est celui de Mazagran.

« Là, me dit mon père, dans les premiers jours de février 1840, cent vingt-trois soldats du 1er bataillon d'Afrique, ayant à leur tête le capitaine Lelièvre, repoussèrent, pendant quatre jours consécutifs, l'assaut de plus de douze mille Arabes. On a élevé un monument à la mémoire de ces braves, et voici en quels termes s'exprime un Arabe qui a rendu compte de cet admirable épisode de nos guerres d'Afrique : « On s'est battu quatre jours et quatre nuits ; c'étaient « quatre grands jours, car ils ne commençaient pas et « ne finissaient pas au son du tambour ; c'étaient des « jours noirs, car la fumée de la poudre obscurcissait « les rayons du soleil, et les nuits étaient des nuits de « feu, éclairées par les flammes des bivouacs et par « celles des amorces. » Le matin du 7 février, les assiégés constatèrent avec joie que la plaine était déserte autour d'eux, les Arabes ayant battu en retraite pendant la nuit. Quelques heures après, la petite troupe du capitaine Lelièvre, qui n'avait eu que trois hommes tués et seize blessés, était portée en triomphe par la garnison de Mostaganem. »

Pendant que mon père me faisait ce récit, nous entrâmes dans Mazagran, bâtie en amphithéâtre, en vue de la mer. De riantes maisons y ont pris la place des masures arabes d'autrefois. Le territoire en est arrosé par de nombreuses sources qui ont permis d'étendre les jardins jusqu'aux falaises de la côte. La population y dépasse treize cents habitants. Nous avons visité l'église, à laquelle on arrive par un bel escalier de vingt marches et qui a été construite, ainsi qu'on peut le lire sur sa façade, « avec le produit national d'une souscription ».

Quant à la colonne élevée à la mémoire de nos vaillants soldats, la foudre l'a brisée récemment, mais elle sera réédifiée [1], car il importe de perpétuer l'héroïque souvenir de Mazagran. Elle était surmontée d'une statue de la France tenant un drapeau d'une main, et de l'autre une épée. Sur le socle était gravée l'inscription suivante : « Ici, les 3, 4, 5, et 6 février 1840, cent vingt-trois Français ont repoussé dans un faible réduit les assauts d'une multitude d'Arabes. »

De Mazagran à Mostaganem, la distance n'est

1. Elle l'est aujourd'hui.

que de 5 kilomètres. A mi-chemin et à gauche se trouve le haras de cette dernière ville, haras dont la création remonte au général Lamoricière. Plus bas, vers la mer, est un vaste hippodrome sur lequel les courses ont été inaugurées le 11 novembre 1847.

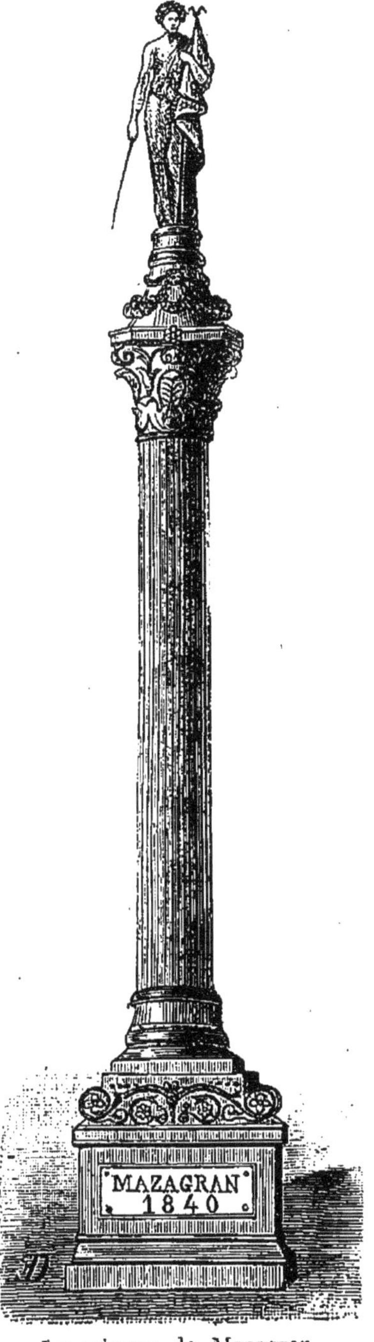

La colonne de Mazagran, d'après un croquis de M. J. Chape.

Mostaganem est une ville très ancienne. L'aspect abrupt de la côte voisine semble conserver les traces d'un affreux bouleversement. De l'embouchure de la Macta à ce chef-lieu d'arrondissement, pas un abri, pas un refuge. Dans le port, des constructions romaines, que l'on croit avoir été une cale, c'est-à-dire un plan incliné servant à construire et à réparer les vaisseaux, s'élèvent aujourd'hui hors de l'eau, et la mer n'y pénètre plus que lors des tempêtes. En cet endroit, le rivage se serait donc soulevé d'un mètre ou d'un mètre et demi depuis deux mille ans. C'est à ces anciens ébranlements du sol qu'on peut aussi attribuer la formation des lacs salés d'Arzew et d'Oran.

Après avoir été soumise à l'autorité du sultan de Tlemcen, Mostaganem passa, au XVIe siècle, sous la domination turque, et fut agrandie et fortifiée par Kheïr-ed-Din. Pendant quelque temps, elle prospéra et put compter au nombre des grandes cités du Moghreb. D'importantes exploitations agricoles furent alors entreprises sur son fertile territoire. On y cultiva le coton, et Mostaganem devint le centre d'un commerce florissant. Malheureusement les invasions espagnoles, les incursions des Arabes, l'incurie ou l'avidité des gouverneurs turcs paralysèrent cet essor agricole et industriel, et, en 1833, quand le général Desmichels s'empara de cette ville, les habitants des environs produisaient à peine les objets nécessaires à leur consommation.

Tout en me donnant ces renseignements, mon père me fit visiter la ville. Mostaganem n'est pas située au bord de la mer, ainsi que je le croyais. Elle est bâtie à un bon kilomètre du rivage, sur un plateau d'une centaine de mètres d'altitude moyenne. Un ravin cultivé, au fond duquel coule l'Aïn-Sefra, mot qui signifie la Source Jaune, la sépare en deux quartiers distincts : à l'est, la ville militaire ou Matemore, ainsi nommée des *matmour* ou silos que les Turcs y avaient creusés pour emmagasiner leurs grains ; à l'ouest, la ville proprement dite.

Mostaganem.

Cette dernière, construite à l'européenne, est pleine de mouvement et de vie. « Elle pourrait, me dit mon père, être prise pour une de nos jolies villes de France, sans les indigènes que l'on y rencontre. D'ailleurs la population, qui est d'environ quatorze mille habitants, est plus européenne qu'arabe ou juive. Les descendants des anciens Maures, proportionnellement plus nombreux qu'à Oran, y diminuent chaque année. »

Depuis 1841, Mostaganem est entourée d'un mur d'enceinte crénelé et percé de cinq portes. Elle compte plusieurs places dont la plus belle est celle de la République, bordée sur deux de ses côtés de bâtiments à arcades et aux abords de laquelle on remarque l'hôtel de ville, l'église, le théâtre, les hôtels et les principaux cafés. Comme édifices publics, je dois mentionner aussi la sous-préfecture, le tribunal civil et le collège.

Avant l'établissement du chemin de fer d'Alger à Oran, Mostaganem centralisait le commerce de la vallée du Chélif, lequel arrive à la mer à 12 kilomètres au nord, après un cours de 170 lieues dans un bassin de 4 000 000 d'hectares. C'était alors le bon temps pour Mostaganem. Maintenant elle n'est plus qu'une des villes secondaires de l'Algérie, une des sous-préfectures du département d'Oran. Pour se relever, elle a besoin de deux choses : un chemin de fer et un port. Son chemin de fer, elle l'aura bientôt, car il faut espérer que la ligne de Mostaganem à Tiaret sera vite achevée. Quant à son port, ce sera peut-être plus long. La ville n'a aujourd'hui qu'une « marine » mal abritée des vents et une rade souvent bouleversée par les mauvais temps.

Autour de Mostaganem, et dans un rayon restreint, on compte vingt villages en pleine prospérité et dont les plus remarquables sont Aïn-Tédelès et Aboukir.

« Le premier de ces villages, nous dit M. Priou, conseiller général, à qui mon père a rendu visite, est le siège d'un marché arabe et possède une pépinière plantée dans un frais ravin. La végétation y est admirable. La culture de l'olivier y a pris un développement tel, que l'antique nom berbère d'Aïn-Tédelès, ou la Source Verdoyante, se trouve pleinement justifié.

« L'Aïn-Sefra, continua l'honorable M. Priou, arrose, comme vous le savez, le ravin qui porte son nom et dont la longueur est de 3 kilomètres. Cette source est une véritable richesse pour notre ville. En dehors des cultures maraîchères, elle a permis l'installation de quatorze usines à mouture dont quelques-unes ont une réelle importance. Les indigènes de Tijdit, faubourg séparé de la ville par le ravin et peuplé de plus de quatre mille habitants, utilisent aussi la source pour la tannerie. Cette industrie, très ancienne dans le pays, n'a jamais périclité.

« Favorisées par le développement de la colonisation, nos usines à mouture nous ont permis de supporter la longue crise qui menaçait l'avenir de notre ville depuis la création de la ligne ferrée d'Alger à

Oran, puisque cette ligne nous avait laissés en dehors du grand mouvement commercial.

« La Vallée des Jardins, vraiment magnifique, forme comme une ceinture de verdure autour de notre antique cité. La nappe liquide, très abondante, s'y rencontre à une profondeur variant de 5 à 8 mètres. L'eau est élevée à l'aide de norias à manège ou mues par le vent. Il y a là, comme à Mazagran et dans le ravin de l'Aïn-Sefra, des orangeries superbes, comparables à celle de la Mitidja, dans le département d'Alger. »

CHAPITRE X

LE DAHRA

Quand nous eûmes visité Mostaganem, mon père me dit :

« Avant de revenir à Arzew pour prendre le chemin de fer de Mécheria, je veux te faire pousser une pointe dans le Dahra, région curieuse et moins connue qu'elle ne mérite de l'être. »

Et, déployant une carte de l'Algérie, il ajouta :

« Regarde cette portion de pays située entre le Chélif et la mer, et qui s'étend jusqu'à Miliana, sous-préfecture du département d'Alger. Eh bien! c'est cette région qu'on appelle le Dahra, d'un mot arabe qui veut dire dos. En effet, l'arête du Dahra forme, comme tu vois, une espèce de dos de l'ouest à l'est, dos où les pentes du nord ont beaucoup plus d'étendue que celles du sud. »

J'examinai avec attention cette partie de la carte, et, comme je n'y vis guère de noms de villes ou de villages, j'en fis la remarque à mon père, qui me répondit :

« Ton observation est juste. De Ténès, ville et port du département d'Alger, jusqu'à l'embouchure du Chélif, c'est-à-dire sur un littoral qui a plus de 100 kilomètres, il n'y a point de villages français. Dans l'intérieur, les colons se sont groupés en quelques centres tels que Cassaigne et Renault, qui comptent seulement chacun quelques centaines d'habitants, mais qui sont les chefs-lieux de vastes communes mixtes, peuplées de vingt-quatre à vingt-huit mille indigènes. D'ailleurs tu vas pouvoir juger les choses par toi-même. »

En effet, le lendemain, nous nous mîmes en route pour Mazouna, et, aujourd'hui que nous sommes de retour à Arzew, je peux tout à mon aise résumer mes impressions sur ce coin intéressant de notre chère Algérie. D'abord, je dois dire que le Dahra est composé de plaines étagées les unes au-dessus des autres, et de hautes collines formées de terre et non de rochers. En outre, je crois pouvoir affirmer que c'est un pays riche et généralement bien cultivé. Toute la côte, jusqu'à la limite du département d'Alger, est très pittoresque. Plusieurs criques en rendent l'accès facile aux balancelles. Le phare du cap Ivi, qui est un phare de première classe, mérite une mention spéciale.

Autour des douars, j'ai remarqué des plantations d'arbres. Plusieurs vallées sont pleines d'oliviers et de figuiers. Il y a aussi des forêts de chênes verts et de beaucoup d'autres essences.

Après Aïn-Tédelès, dont j'ai déjà noté la prospérité, le hameau d'Ouillis et le village de Bosquet m'ont paru particulièrement ravissants. Leur altitude est de 300 à 400 mètres. Le ravin d'Ouillis est surtout remarquable par ses grottes garnies de stalactites et couvertes d'une végétation sauvage où les lianes s'entrelacent avec la vigne, l'olivier, le figuier et d'autres arbres fruitiers.

Le figuier est à lui seul une véritable richesse pour le pays. Quand la récolte est abondante, des balancelles espagnoles viennent mouiller dans les criques du rivage et charger le superflu des fruits de cet arbre. D'après les évaluations du bureau arabe de Mostaganem, l'exportation des figues du Dahra atteint annuellement le chiffre de 1 000 000 de francs.

La population du Dahra est forte et vigoureuse. Les hommes sont de haute taille; ils ont de beaux traits et un grand air de force et de dignité. Les uns habitent sous la tente, les autres dans des maisons. Avec de tels hommes, cette agglomération de collines, de ravins, de grottes et de forêts formait un pays difficile à conquérir. Nous ne pûmes le courber qu'à la suite de châtiments terribles infligés à des tribus plusieurs fois parjures. Et ici je ne peux passer sous silence la sinistre histoire des grottes de Nekmaria, où, sous le gouvernement de Louis-Philippe, des Arabes aimèrent mieux se laisser mourir enfumés que de demander l'aman, c'est-à-dire la paix ou le pardon. Voici ce cruel événement, tel que mon père me l'a raconté :

« C'était en 1845. Le maréchal Bugeaud, qui était

alors gouverneur de l'Algérie, avait envoyé trois colonnes pour désarmer les tribus du Dahra. L'une de ces colonnes était commandée par le colonel Pélissier. Quand ce dernier arriva sur le territoire de la tribu des Ouled-Riah, territoire qui forme comme un labyrinthe coupé de mille façons par des rochers, des montagnes, des précipices, il se présenta avec ses troupes devant des grottes d'un accès très difficile où les Ouled-Riah s'étaient réfugiés. Sommés de se rendre, ils refusèrent et reçurent nos parlementaires à coups de fusil. Alors le colonel Pélissier donna l'ordre de couper du bois et de faire des fagots, qu'on parvint à placer à l'entrée des grottes. Puis on y mit le feu, en se tenant prêt à l'éteindre à la première demande. A l'intérieur régnait un grand tumulte, formé de cris, de gémissements et de coups de fusil. Les uns voulaient se soumettre, les autres voulaient résister jusqu'au bout. Un Kabyle parvint à sortir à travers les flammes. Le colonel lui offrit la vie sauve pour tout le monde, moyennant certaines conditions; mais les Arabes s'obstinèrent dans leur refus, et l'ordre fut donné de continuer les corvées de bois. Ah! ce dut être un spectacle véritablement horrible que celui offert le matin du 20 juin! Quand on voulut dégager l'entrée des grottes, on trouva asphyxiés pêle-mêle hommes, femmes, enfants, bœufs, ânes, moutons, etc. D'après le récit de quelques survivants, il y avait en tout onze cent cinquante personnes dans la caverne enfumée! »

Ce n'est pas sans un vif sentiment de tristesse que j'enregistre cette page néfaste de notre histoire algérienne. Mais pourquoi aussi ces populations courageuses, énergiques, capables de préférer la mort à la servitude, avaient-elles, quelques jours auparavant, brûlé vifs deux de nos soldats en face de notre camp, et égorgé une petite fille de dix à douze ans sous les yeux de sa mère? Si ces actes odieux ne justifient pas l'affaire des grottes, ils l'expliquent. Il est très difficile, dans l'entraînement de pareilles luttes, de se montrer généreux ou seulement humain.

Enfin ces tribus, longtemps frémissantes, sont aujourd'hui soumises, et le pays commence à recevoir des colons européens. L'assimilation se fera progressivement. D'ailleurs, le Dahra réunit pour cela toutes les conditions requises : climat salubre, terres fertiles, végétation vigoureuse.

Pélissier, qui s'élève au milieu de terres excellentes connues sous le nom de Vallée des Jardins; Tounin, qui compte environ deux mille habitants; Aïn-bou-Dinar, bâtie sur des collines sablonneuses du haut desquelles on peut suivre le cours majestueux du Chélif inférieur jusqu'à son embouchure; Bellevue, autrefois Sour-kel-Mitou, au milieu de beaux vergers d'où l'on découvre au loin les sommets de l'Ouarensenis ou l'Œil du monde; Pont-du-Chélif, qui tire son nom d'un pont de 79 mètres construit par quatre mille Espagnols esclaves des Turcs; Nekmaria aux grottes tragiques, sont, avec Aïn-Tédelès,

Cassaigne, Renault, Bosquet, Ouillis, les villes ou villages futurs de cette riche contrée.

Je dois aussi mentionner Mazouna, petite ville berbère au centre du Dahra et à 118 kilomètres de Mostaganem. Figurez-vous un vallon ruisselant d'eaux vives au milieu de cultures de toute sorte, vergers, vignes, etc.; de petits chemins creux entre des haies de fleurs; des touffes de grands arbres ombrageant des sources; des terrasses blanches de maisons arabes apparaissant au milieu de la verdure : telle est Mazouna, un des sites les plus charmants de la province d'Oran, et siège d'une zaouïa renommée où l'on enseigne le Coran et le droit musulman. Pendant les luttes entre Arabes et Français, Mazouna conserva toujours la neutralité. On y compte aujourd'hui environ deux mille habitants, dont quelques Européens. Les indigènes y sont intelligents et travailleurs. Beaucoup d'entre eux parlent notre langue, car il y a à Mazouna une école dirigée par un instituteur français.

CHAPITRE XI

LETTRE DE JULIA

« Mon cher frère,

« Si tu savais comme ta lettre nous a fait plaisir! Maman et l'oncle Jean m'ont demandé de la lire à haute voix, et, le croirais-tu, notre petit frère Georges lui-même l'a écoutée religieusement. Le cher ange évidemment n'a pas dû y comprendre grand'chose, mais il se rendait bien compte que cette feuille de papier venait de toi, et quand j'arrivai à ce passage : « Comment va mon cher petit Georges ? Est-il toujours « aussi diable? Se sauve-t-il toujours au jardin pieds « nus et en chemise? » il se mit à rire en faisant deux petits yeux malins très significatifs. Je l'embrassai alors bien fort pour toi, ainsi que maman et l'oncle Jean, qui sont très heureux d'apprendre que vous vous portez bien et enchantés des détails intéressants que tu nous donnes sur votre voyage.

« N'oublie pas que nous comptons tous sur les notes prises par toi en route. Ne crains pas de t'étendre sur les localités que tu visites, sur les curiosités et les produits de chacune d'elles.

« Je me réjouis d'avance à la pensée de lire ton carnet. Ce sera ma manière à moi de voyager à travers le département.

« Depuis que vous nous avez quittés, il ne s'est produit rien d'extraordinaire à Saint-Denis-du-Sig. On y mène toujours le même petit train d'existence. Seulement, à la maison, votre absence a produit un grand vide. Les deux ou trois premiers jours surtout nous ont paru d'une longueur excessive. Heureusement que la gaieté bruyante de Georges était là pour faire diversion à notre ennui.

« Figure-toi que, depuis votre départ, il est devenu matinal comme une alouette. C'est lui le premier réveillé dans la maison. Il se lève, descend de sa petite couchette en fer, et le voilà courant de chambre en chambre et de lit en lit. C'est ainsi qu'il commence sa journée.

« Puis il se met à gazouiller, à parler de toi, de papa, de la locomotive, dont il imite le sifflement en faisant des *hou* prolongés. Ah! cette locomotive fait terriblement travailler sa petite cervelle. Quand il a pris son café, il s'en va au jardin, fait des trous dans la terre, regarde courir les bêtes, charrie des feuilles, écoute chanter les oiseaux, tripote avec l'arrosoir, se salit, se mouille, fait crier maman, et finalement se trouve bien de tous ces exercices et de cette vie en plein air qui est la sienne.

« Ah! j'oubliais de te dire que je lui ai appris ces

jours-ci un certain nombre de lettres de l'alphabet. Il en est tout fier, et chaque fois qu'il aperçoit les majuscules qu'il connait, soit dans le titre d'un journal, soit sur une affiche, soit sur une enseigne, il faut qu'il s'arrête et qu'il les énonce à haute voix. C'est ainsi qu'il prend gravement les numéros du *Rappel* qui arrivent à l'adresse de papa, en ôte les bandes, déploie gravement la feuille et se met à crier à tue-tête : Re, A, Pe, Pe, E, Le.

« Hier, notre voisin le conseiller municipal est venu à la maison, et ils ont chanté tous deux *Au clair de la lune*, le conseiller avec sa grosse voix un peu enrouée, Georges avec son timbre clair et enfantin. Seulement le conseiller, malgré ses lunettes, ne savait que le premier couplet, et c'était bien amusant de voir Georges chercher à lui apprendre le second. Cela nous fit beaucoup rire et notre ami le conseiller aussi.

« Nous passons nos soirées au jardin en compagnie de maman, de l'oncle Jean, et quelquefois d'un ou deux voisins. C'est la seule heure agréable de la journée, la chaleur du jour étant vraiment insupportable. Dans ces petites réunions, il va sans dire que c'est presque toujours de vous que nous parlons. Nous disons que vous n'avez rien gagné à attendre le mois de septembre pour vous mettre en route, car cette année le mois de septembre nous paraît au moins aussi chaud que le mois d'août. Cependant mon oncle dit que, s'il survenait quelque orage, nous en aurions fini avec les chaleurs.

« Maman me charge de te faire mille recommandations au sujet de ta santé. Les nuits s'allongent et commencent à devenir fraîches; aie bien soin de te couvrir et d'éviter les variations brusques de température.

« En attendant une nouvelle lettre de toi, je fais, mon cher frère, toutes sortes de vœux pour l'heureuse continuation de votre voyage et je vous embrasse, papa et toi, de tout mon cœur.

« JULIA. »

« P.-S. — Je remets cette lettre à maman, qui la joindra à celle qu'elle envoie à papa. »

CHAPITRE XII

EN ROUTE POUR MASCARA

Nous sommes partis d'Arzew hier à huit heures dix minutes du matin par le chemin de fer de Mécheria. Ce chemin de fer, construit par la compagnie Franco-Algérienne, n'a qu'une seule voie de 1 m. 10 de largeur. Entre la gare et le rivage sont déposés les alfas qui seront prochainement embarqués pour l'Europe. Les eaux du golfe, illuminées et comme embrasées par le soleil, donnent à cette partie de la Méditerranée l'aspect d'un lac de feu.

La voie longe la mer au milieu des broussailles. Quelques maisons disséminées à droite sur la colline annoncent le village de Saint-Leu, où il y a des ruines romaines. En parlant du musée d'Oran, j'ai mentionné les belles mosaïques provenant de ce village.

Après Saint-Leu, voici le camp arabe des Botioua, sur l'emplacement du vieil Arzew. J'y remarque de nombreuses tentes ou habitations grossières au milieu des ruines de *Portus magnus*. Les terrassements, les voûtes, les citernes, tous les travaux d'une civilisation disparue sont utilisés par les habitants actuels, nomades originaires du Maroc. Des chèvres grimpent sur les ruines, auxquelles se mêlent d'inextricables buissons de figuiers de Barbarie.

Un peu plus loin vient Port-aux-Poules, hameau dont les maisons sont entourées de broussailles. A notre gauche, coule, d'un cours lent et sinueux, la Macta, dont les eaux sont à peine ridées par la brise et que les rayons du soleil font ressembler à un grand ruban bleu argenté. Quelques roseaux se balancent gracieusement sur ses rives. Cela fait plaisir de voir une rivière, une vraie rivière; elles sont si rares en Algérie!

Après avoir traversé la Macta sur un pont en fer, nous cessons de voir la mer, et nous entrons dans la plaine, limitée à notre droite par une chaîne de montagnes. C'est dans cette plaine qu'est situé le domaine de 24 000 000 hectares concédé à la compagnie Franco-Algérienne, dont Debrousseville, où nous allons arriver, occupe le centre est.

Debrousseville! Qu'il mérite bien qu'on ait donné son nom à ce coquet et frais village, l'homme intelligent qui a contribué si largement à la colonisation de l'Algérie! Il y a un instant, l'aspect du pays était triste. Près du lit terreux d'un ruisseau où coulait un mince filet d'eau d'un jaune sale, à peine apercevait-on quelques douars misérables et quelques rares troupeaux de moutons cherchant leur vie dans des pâturages desséchés. Ici, tout a changé. Voici de la verdure, de beaux arbres, des jardins splendides. Voilà de riches plantations de vignes, qui s'étendront bientôt sur une surface de quatre mille hectares, et de vastes champs de luzerne, dont le vert tendre est si doux à l'œil. En voyant ces peupliers, ces haies vives, ces saules, ces pins, ces eucalyptus, etc., on se croirait subitement transporté sous un autre climat. Quel exemple et quelle leçon donnés aux Arabes, exemple et leçon dont malheureusement ils ne profitent guère !

A Perrégaux, nous coupons la ligne du chemin de fer d'Alger à Oran. Perrégaux, qui porte le nom d'un général blessé à mort au second siège de Constantine, est un joli chef-lieu de canton bâti à dix-neuf lieues d'Oran et dont la population sera avant peu de cinq mille habitants.

Rues à angles droits, belles places plantées d'arbres, physionomie prospère. Ceinture de vignes.

Après Perrégaux, nous laissons à droite un village arabe aux gourbis primitifs et informes, puis nous traversons l'Habra, dont les berges terreuses et ravinées encadrent une eau aussi trouble que rare. A la place de l'eau absente ont poussé quelques touffes de verdure. Le terrain devient d'ailleurs accidenté, et la voie s'élève à côté de la rivière jusqu'à un endroit appelé *Col des Juifs*, parce que, dit-on, six Juifs y furent massacrés par des bandits arabes. A midi nous sommes en vue du barrage de l'Habra. C'est un spectacle imposant.

Actuellement, l'immense réservoir est presque à sec. A peine si quelques flaques d'eau y apparaissent au milieu du sable.

Il y a une station au barrage de l'Habra. Le train suit la voie pratiquée dans le flanc de la montagne, à une hauteur considérable. Nous avons l'abîme à gauche et un mur ou un talus à droite. Au bout de quelques minutes, je me retourne pour jouir du coup d'œil offert par le gigantesque bassin. J'ai sous les yeux trois vallées, celle de l'oued El-Hammam, celle de Taourzout et celle de l'oued Fergoug, toutes trois aboutissant à un cul-de-sac formé par des montagnes rocheuses couvertes de pins et de thuyas. Ces vallées offrent d'abord un fond plat, où des troupeaux paissent tranquillement, puis elles se rétrécissent. Pendant une longueur de plusieurs kilomètres, l'encaissement se poursuit et s'élargit. En présence de cette ceinture de montagnes, on se demande quelle issue pourront trouver les eaux qui doivent se rejoindre au confluent des trois ravins. Puis vient une véritable plaine à une profondeur énorme, barrée par le mur cyclopéen ayant 39 mètres d'épaisseur à sa base. Quand les trois oueds, grossis par les pluies de l'hiver, apportent là leurs eaux troubles et que, après s'être reposées dans le lac, ces eaux en ressortent claires et bleues pour aller arroser l'immense plaine de Perrégaux, cela doit être tout à fait grandiose.

CHAPITRE XIII

COMMENT ABD-EL-KADER FUT PROCLAMÉ ÉMIR

Les environs de Mascara, que nous parcourons depuis deux jours, sont tout pleins des souvenirs laissés par Abd-el-Kader. Ce que j'ai fait de questions au sujet de ce grand chef arabe est vraiment incroyable. Je vais maintenant tâcher de classer les renseignements que j'ai recueillis, car c'est, selon moi, quelque chose valant la peine d'être noté que l'enfance et les débuts de celui qui, pendant quinze ans, tint tête à la France.

Abd-el-Kader est né en 1808, à la Guetna. Sa famille appartenait à l'importante tribu des Hachem, qui occupe encore la contrée. Son père, le marabout Mahi-ed-Din, était réputé à trente lieues à la ronde pour sa sainteté. J'ai vu son tombeau ou koubba, situé à Cacherou, sur la route de Mascara à Frenda. Des arbres séculaires l'abritent, et les musulmans y viennent faire leurs dévotions. Ils racontent que les biens du père d'Abd-el-Kader étaient moins les siens que ceux des pauvres et que jamais ni l'infirme ni le voyageur ne frappèrent en vain à sa porte.

De ses quatre femmes, Mahi-ed-Din eut six enfants, cinq fils et une fille. Or, de ces six enfants, c'était Abd-el-Kader, fils de Zorah, que le marabout aimait le plus. Il lui fit faire ses premières études dans la zaouïa ou école qu'il avait établie près de sa demeure et qu'il dirigeait avec zèle. Il s'appliqua tout spécialement à développer l'intelligence, à orner l'esprit et à former le cœur de ce fils préféré. Il eut également soin de faire naître en lui le goût des exercices corporels, auxquels Abd-el-Kader devint bientôt d'une adresse remarquable.

Quand le jeune homme eut suffisamment étudié le Coran, l'histoire, la jurisprudence musulmane, son père, accompagné d'autres marabouts et d'Arabes de grande tente, l'emmena en pèlerinage à la Mecque, à Médine et à Bagdad. Chemin faisant, Abd-el-Kader eut l'occasion de voir et d'observer de grandes villes, notamment Tunis, Alexandrie et le Caire.

C'est avec raison qu'on dit que les voyages forment la jeunesse. Moi-même je reconnais avoir appris beaucoup de choses depuis notre départ de Saint-Denis-du-Sig. Il est donc certain que le passage d'Abd-el-Kader à travers l'Égypte et l'Orient lui permit d'étendre ses connaissances, d'élargir ses vues et peut-être décida de sa destinée.

En 1831, quand le général Damrémont se fut emparé d'Oran, à la puissance des Turcs succéda celle des Français, mais dans la ville seulement. A l'intérieur de la province s'agitait et se dressait le peuple arabe. Ce peuple, composé de tribus rivales jusqu'ici maintenues dans l'ordre par la terreur que

Femme et petite fille arabes.

répandaient les Turcs, tomba rapidement dans l'anarchie la plus complète. Il n'y avait plus de sécurité, les marchés étaient désertés, la disette menaçait. A part les moments où le fanatisme religieux les réunissait contre nous, les chefs se faisaient la guerre entre eux, et nulle situation ne pouvait être plus intolérable.

C'est pourquoi, voulant à tout prix y mettre un terme, les chefs des Hachem, des Gharaba et des Beni-Amer vinrent, à différentes reprises, prier Mahi-ed-Din de rétablir l'ordre et d'organiser la guerre contre les Français.

« Je suis trop vieux, répondit le marabout, pour accepter le fardeau du commandement. Voyez, ma barbe est blanche, mes forces ne répondent plus aux nécessités de la situation. Ce qu'il vous faut, c'est un chef jeune, actif, brave, intelligent, qui sache et puisse mener les tribus à la guerre sainte; ce chef, je ne puis l'être.

— Eh bien! s'écrièrent ses interlocuteurs, puisque tu ne veux pas nous commander, donne-nous pour sultan, non pas ton fils aîné, qui n'est qu'un homme de livres, mais le fils de Zorah, qui est un homme de poudre. »

A cette demande, le vieux marabout fut très ému et des larmes coulèrent de ses yeux. Sans doute il était très flatté de la haute opinion qu'on avait de son fils, mais il objecta qu'Abd-el-Kader était bien jeune pour une mission si extraordinaire. Être un brave cavalier, un vaillant soldat, un esprit cultivé, cela ne suffisait pas. Où son fils avait-il appris la science du commandement?

Ceci se passait le 21 novembre 1832.

Ce jour-là, rien de définitif ne fut arrêté.

Mais quand le lendemain Mahi-ed-Din vit revenir les mêmes chefs, entourés d'une foule immense et inquiète, parmi laquelle était un marabout centenaire qui déclara avoir vu dans un rêve Abd-el-Kader sur un siège d'honneur et rendant la justice, il fit appeler son fils et, après l'avoir mis au courant des démarches faites par les Hachem, les Gharaba et les Beni-Amer, il lui demanda :

« Si tu étais appelé à commander aux Arabes, comment les gouvernerais-tu ? »

Le jeune musulman répondit :

« Le livre de la loi à la main, et, si la loi me l'ordonnait, je ferais moi-même une saignée derrière le cou de mon frère. »

A ces mots, Mahi-ed-Din, s'appuyant sur l'épaule de son fils, sortit de la tente, suivi des chefs qui depuis deux jours avaient pris part aux délibérations, et présentant Abd-el-Kader à la foule assemblée :

« Voici, dit-il, le sultan annoncé par les prophètes ; c'est le fils de Zorah. Obéissez-lui comme vous m'obéiriez à moi-même. Que Dieu vienne en aide au sultan ! »

Une immense acclamation répondit à ces paroles, et voilà comment, à l'âge de vingt-quatre ans, le fils de Mahi-ed-Din fut salué émir dans cette plaine d'Eghris qui s'étend à mes pieds.

Pendant les nuits silencieuses, quand les Arabes de la tribu des Hachem s'attardent à prier près de leurs tentes à la clarté des étoiles, je me figure que plus d'un de ces rêveurs mystérieux doit voir passer devant lui, encadrée dans son blanc burnous, la figure fine, pâle et austère d'Abd-el-Kader.

CHAPITRE XIV

LETTRE A MA MÈRE

« Ma bien-aimée maman,

« Ma sœur t'a communiqué la lettre que je lui ai écrite d'Oran. Mais, pour que tu ne sois pas jalouse, je veux t'en adresser aussi une que je te prie, à ton tour, de lui faire lire ainsi qu'à l'oncle Jean.

« Notre petit voyage se poursuit dans les meilleures conditions du monde, et je t'assure que le temps ne me paraît pas long, car, lorsque nous ne sommes pas à courir à droite et à gauche, je suis fort occupé à noter et à classer mes observations personnelles et les explications que me donne papa, qui décidément connaît à merveille tout ce pays, qu'il a tant de fois parcouru pour ses affaires.

« Je te dirai qu'avant d'arriver à Mascara nous nous sommes arrêtés à la Guetna, lieu de naissance d'Abd-el-Kader. Après avoir dépassé la Guetna, on rencontre beaucoup d'Arabes à pied et à cheval. Les tentes sont nombreuses à droite et se détachent du sol sous l'aspect de petits tertres noirâtres. La vie qu'on y mène doit avoir son charme, puisque rien n'en peut détacher les indigènes, mais franchement elle nous paraîtrait bien ennuyeuse et bien dure, à nous autres Européens.

« A Bou-Hanefia, station balnéaire pour les indigènes et les Européens, une centaine d'Arabes envahissent bruyamment notre train. Ils discutent avec une vive animation, comme ils le font dans les marchés ou quand ils vont s'approvisionner d'eau aux fontaines. Papa et moi mettons la tête à la portière. Le brouhaha va diminuant à mesure que tous ces gaillards en burnous pénètrent dans les wagons. Enfin la locomotive siffle, et l'on n'entend plus rien.

« Nous voici maintenant au milieu de monts élevés et desséchés. La côte est tellement raide, que nous marchons à peine. J'ai le temps de regarder à droite et à gauche. Ici un Arabe de la classe pauvre fait trottiner devant lui son *bourriquot*. Plus loin, quelques cavaliers galopent sur des juments suivies de leurs poulains.

« Nous passons à un ou deux mètres de ravins extrêmement profonds. Tout ce pays est boursouflé, déchiqueté. C'est un chaos de montagnes s'enchevêtrant capricieusement et sur les flancs desquelles s'allongent des sentiers en forme de serpents. Je me demande ce que peuvent bien y trouver à se mettre sous la dent les troupeaux de chèvres que j'y aperçois.

« A deux heures, nous arrivons à Tizi, à 10 kilomètres de Mascara. De Tizi à Mascara, il y a bien une voie ferrée, mais elle n'est pas encore ouverte au public [1]. Comme je tiens à voir l'ancienne capitale d'Abd-el-Kader, force nous est de prendre la diligence, qui nous cahote terriblement sur une route poussiéreuse.

« Mascara est bâtie sur deux collines qui constituent le versant sud du djebel Beni-Chougran, dont l'altitude est de 911 mètres. « Quand Allah créa la « terre, disent les Arabes, il mit les monts dans un « sac et les versa sur le sol ; lorsque le monde fut cou- « vert de plateaux, de dômes, de bosses, de pitons, « il regarda dans le sac et, le voyant encore à demi « plein, le vida brusquement sur le pays des Beni- « Chougran. » C'est, je le répète, sur une terrasse méridionale de cette montagne que s'élève Mascara, aujourd'hui chef-lieu d'une sous-préfecture et d'une subdivision militaire.

« La première personne que nous y rencontrâmes fut un de nos amis oranais, M. Chape, qui y décore avec beaucoup de goût le joli petit théâtre construit en remplacement de celui qui a été incendié dernièrement. Nous passâmes quelques bonnes heures ensemble, et le lendemain 21 septembre, à six heures du matin, guidés par un vieil habitant de Mascara, M. Missier, nous parcourûmes la ville et les environs.

« Il faisait un temps superbe. Nous sortîmes par la porte de Mostaganem et nous nous trouvâmes dans

1. Elle l'est aujourd'hui.

Mascara.

de beaux jardins plantés d'arbres, parmi lesquels j'admirai des oliviers séculaires.

« Nous poussâmes jusqu'au cimetière juif, remarquable par ses tombeaux éblouissants de blancheur et ses inscriptions hébraïques. Les pierres tumulaires sont simples, plates, horizontales et rappellent assez les anciens dolmens des Gaulois.

« Au milieu est un monument circulaire dans lequel les israélites jettent, dit-on, leurs bibles hors d'usage par des trous pratiqués à cet effet et correspondant aux quatre points cardinaux. L'aspect de ce cimetière brûlé, calciné par le soleil, est tout ce qu'on peut rêver de plus triste et de plus désolé. A peine un ou deux cactus poudreux en rompent-ils l'uniformité lugubre. Quel contraste avec le cimetière européen, son voisin! Dans ce dernier, la verdure ne manque pas. Cyprès, peupliers, caroubiers y croissent vigoureusement et y donnent leur ombre aux morts.

« Mais je m'aperçois que voilà mon papier tout barbouillé d'encre, et je m'arrête, me réservant de te renseigner plus complètement à l'aide de mon carnet de voyage.

« A bientôt, ma très chère maman. Ne m'oublie pas auprès de mon bon oncle Jean, et rends à Julia et à Georges les gros baisers que je t'envoie.

« Ton fils qui t'aime bien,

« LOUIS. »

CHAPITRE XV

LA MOSQUÉE D'ABD-EL-KADER

Nous avons passé plusieurs heures dans le quartier du Beylik. C'est dans ce quartier qu'est la vieille mosquée où Abd-el-Kader prêcha la guerre sainte. Très simplement construite en pierre, elle se compose d'un dôme en forme de marabout et d'un minaret à base octogonale. Tout autour sont des magasins à bois. En face est une fontaine où les femmes et les jeunes filles arabes viennent puiser de l'eau.

J'aurais été désolé de ne pouvoir visiter cette mosquée. Nous tournâmes autour pendant quelques minutes, lisant et relisant cette inscription peu rassurante : *Défense d'approcher*. Mais, d'autre part, la petite porte basse du mur d'enceinte était entr'ouverte et engageait à entrer. Nous la poussâmes et nous entrâmes. Un Arabe apparut alors et voulut bien avoir la bonté de nous introduire dans la mosquée.

On y monte par six marches à moitié usées. De

chaque côté du portail, une meurtrière. Une petite coupole ornée de mosaïques indique la place d'où Abd-el-Kader parla à la foule, mais il n'y a plus de chaire. Douze colonnes disposées en carré soutiennent l'édifice. Elles sont doubles, sauf celles des coins, qui sont quadruples. Ce carré, qui a neuf mètres de côté, est entouré d'une galerie de deux mètres et demi de large. Le dôme est éclairé par quatre ouvertures. Des sacs de grains, une bascule, de l'orge sur une partie du sol, un balai qui semble avoir appartenu à quelque sorcière, tels sont les objets vulgaires abrités par ces voûtes qui retentirent jadis d'acclamations en faveur de l'émir. Je suis monté au sommet du minaret, qui compte soixante-huit marches. De là j'ai pu contempler la vaste et fertile plaine d'Eghris, les coteaux de Mascara recouverts de vignes qui produisent un vin blanc renommé, l'église, la grande mosquée, les casernes, l'hôpital, en un mot toute la ville, dont les maisons sont entremêlées de verdure.

Revenons à la vieille mosquée, si digne de fixer notre attention.

« Elle fut, me dit mon père, fondée par le fameux Mohammed-el-Kébir, qui entra triomphalement dans Oran en 1792, après la retraite des Espagnols, mais elle est surtout célèbre par les prédications qu'y fit Abd-el-Kader.

« Quand il fut proclamé émir, Abd-el-Kader avait, dit-on, pour toute richesse la somme de deux boudjoux — trois francs cinquante — nouée dans un pan de son burnous. Ce n'était pas avec cela qu'il pouvait entreprendre la guerre sainte.

« Mais de même que Médine avait accueilli Mahomet, Mascara reçut Abd-el-Kader.

« La première chose que fit ce dernier en entrant

La mosquée d'Abd-el-Kader, d'après un croquis de M. J. Chape.

dans Mascara fut précisément de se rendre à la mosquée que je viens de décrire et qui est à présent si délaissée. Il y monta en chaire au milieu d'une grande affluence de fidèles, et, après avoir rappelé l'histoire des dernières années, montré les chrétiens occupant Oran, signalé les dangers courus par la religion musulmane, il adjura tous ses coreligionnaires d'oublier leurs haines et de se lever comme un seul homme pour repousser l'envahisseur.

« Quant à moi, ajouta-t-il en terminant, si j'ai « accepté le pouvoir, c'est pour avoir le droit de « marcher le premier et de vous conduire dans les « combats de Dieu. Je suis prêt; mais, s'il le faut, « je me rangerai sous la loi de tout autre chef que

« vous jugeriez plus digne que moi, pourvu qu'il « s'engage à prendre en main la cause de notre foi. »

« Et comme les applaudissements, les cris, les serments de la foule vinrent confirmer le choix fait dans la plaine d'Eghris :

« Puisqu'il en est ainsi, s'écria-t-il, que Dieu nous « vienne en aide : je proclame la guerre sainte! »

CHAPITRE XVI

COMMENT LA CAPITALE D'ABD-EL-KADER EST DEVENUE FRANÇAISE

J'avais écouté avec attention mon père me rappeler cet épisode déjà ancien de notre histoire algérienne et je ne pouvais m'empêcher de regarder avec fierté les soldats français que nous rencontrions dans les rues, car je pensais que c'était à la bravoure de notre armée que nous devions d'avoir triomphé d'un ennemi tel qu'Abd-el-Kader.

Et ma curiosité étant de plus en plus éveillée, je voulus aussi savoir comment Mascara était tombée entre nos mains.

« Il est facile, me répondit mon père, de te satisfaire. Naturellement, nos troupes ne perdaient pas de vue la capitale de l'émir, et dès novembre 1835 le maréchal Clauzel, accompagné du duc d'Orléans, tenta de s'en emparer.

« Dans ces circonstances, que fit Abd-el-Kader? Au lieu de s'enfermer dans la place, il tint la campagne avec un corps volant. Mais, quand les Arabes des tribus voisines et ceux de la garnison apprirent que le maréchal Clauzel n'était plus qu'à quelques heures de marche, ils mirent la ville au pillage, sous prétexte qu'il ne fallait pas laisser aux Roumis les richesses qu'elle contenait.

« En vain Abd-el-Kader veut intervenir ; on méconnaît son autorité, on l'accuse de trahison, on l'insulte, on le menace. Indigné et découragé, il se retire, parvient à gagner la retraite où s'est réfugiée sa famille, et comme sa mère et sa femme, effrayées, se jettent dans ses bras, il prononce ces paroles :

« On aura pitié de vous, parce que vous êtes des « femmes ; pour moi, on sera impitoyable, parce que « je suis un homme. »

« Clauzel put entrer, presque sans coup férir, dans Mascara, pillée et abandonnée ; mais, à la surprise générale, il la fit évacuer au bout de deux jours.

« Ce fut une faute.

« On dit que si elle fut commise, c'est parce que le duc d'Orléans était malade, et qu'il fallait toute l'armée pour l'escorter jusqu'à Oran.

« Ce n'est pas tout. En partant, on mit le feu à la ville. Qui en avait donné l'ordre? Était-ce Clauzel? On ne sait pas au juste.

— Alors, dis-je à mon père, ce n'est pas en 1835 que nous prîmes définitivement Mascara?

— Non, me répondit-il, ce ne fut que six ans plus tard. Maintenant, veux-tu savoir ce qui se passa le lendemain du départ de nos soldats?

« On put voir, en dehors des portes de la ville, un

Arabe jeune encore, et dont la physionomie fine et pâle était éclairée par des yeux noirs dont le reflet annonçait une volonté inflexible. Cet Arabe, aidé d'un seul serviteur, était occupé à dresser une mauvaise tente pour s'abriter contre la pluie qui tombait à verse. C'était Abd-el-Kader.

« Quand la pluie eut cessé, il ramassa lui-même un peu de bois, alluma du feu, sécha ses vêtements et apaisa sa faim avec une poignée d'orge grillée que lui apporta son serviteur.

— Ah! m'écriai-je, bien que je ne puisse oublier le mal qu'il a fait à la France, qu'Abd-el-Kader me paraît grand dans ce dénuement et cet abandon!

— Tu ne te trompes pas, mon fils. C'est, en effet, un beau spectacle que celui offert par l'homme qui sait supporter dignement l'adversité. Quand on apprit dans la ville et aux alentours que l'émir était là, se dressant noblement dans son isolement et sa misère, les Arabes, coupables et traîtres vis-à-vis de lui, eurent honte d'eux-mêmes, et, ne pouvant supporter plus longtemps un état de choses qui était pour eux un reproche vivant, ils vinrent se jeter à ses pieds et implorer son pardon.

« Trois jours après, Abd-el-Kader avait reconquis toute sa puissance.

« Mais je m'aperçois, continua mon père, que je ne t'ai pas encore dit le nom du chef militaire qui prit définitivement Mascara. C'est pourtant un nom que tu dois connaître, car c'est sans contredit celui d'un des hommes qui ont le plus fait pour l'Algérie. Eh bien, retiens que ce fut sous les ordres du maréchal Bugeaud que nos troupes entrèrent dans cette ville le 30 mai 1841 et que depuis lors l'ancienne capitale d'Abd-el-Kader n'a plus cessé d'appartenir à la France. »

De la mosquée nous allâmes au quartier arabe, où sont entassées de vieilles petites maisons à terrasses, traversées par des ruelles étroites, inégales et sales. Il y a là des pans de murs en ruine qui datent de plusieurs siècles et au pied desquels poussent des figuiers de Barbarie. Cela peut être très pittoresque, mais cela sent mauvais : aussi nous éloignons-nous bien vite.

Les jardins publics, que nous visitons ensuite, rappellent ceux d'Oran, moins une chose qui fait la splendeur de la promenade Létang : la mer. Ici la mer est remplacée par un ravin sur les talus duquel sont percées de magnifiques allées bordées de platanes, d'acacias, de pins, de saules en pleine vigueur. Le tout agrémenté d'une cascade et de moulins.

Les jours de marché, c'est-à-dire tous les vendredis, deux quartiers de Mascara, l'Argoub et Bab-Ali, regorgent d'Arabes accourus de plus de 30 lieues à la ronde. Fièrement drapés dans leurs burnous, ces disciples de Mahomet apportent là leurs produits, haïks, tapis, laines, etc. A Bab-Ali, des savetiers travaillent en plein air, sans autre siège qu'une pierre du chemin. D'autres sont groupés sous des tentes sordides faites avec de vieux sacs ou des morceaux de toile rapiécés.

Ceux qui vont et viennent n'ont point leurs bas en spirale comme don César de Bazan, pour la raison

Le maréchal Bugeaud.

bien simple qu'ils ne portent point de bas; mais les dents de scie de leurs burnous sont dignes de la cape du joyeux compagnon mis en scène par Victor Hugo.

En résumé, Mascara est une ville prospère, intéressante et, ce qui ne gâte rien, très hospitalière. C'est sur sa plus belle place, la place Gambetta, que donnent sa mairie et son théâtre. Ses écoles sont vastes, bien aérées, munies d'instruments de physique et d'appareils de gymnastique. La bibliothèque municipale, fondée en 1883, renferme déjà deux mille trois cents volumes et s'enrichit de plus en plus, le maire, M. Pérez, abandonnant son indemnité annuelle de 2000 francs en faveur de l'œuvre. En 1885, il y avait autour de Mascara 984 hectares de vigne, dont 27 cultivés par les indigènes. Le maire pense que cette année la récolte en vin atteindra 22 000 hectolitres, soit 5000 hectolitres de plus que l'année dernière. Quant à la population, la voici telle qu'elle résulte du recensement de 1886 : Français, 4183; étrangers, 3219; musulmans, 6775. Total, 14 177 habitants.

CHAPITRE XVII

SAÏDA

Le mardi 21 septembre, à midi et demi, après avoir serré la main aux amis qui sont venus nous accompagner au bureau de la diligence, nous retournons à Tizi, où nous reprenons le train de Saïda, et une heure après nous laissons derrière nous la plaine d'Eghris pour nous engager dans les montagnes. En passant, je note les noms des principaux villages que j'aperçois. C'est d'abord Thiersville, fondé en 1878, dont les arbres cachent déjà à moitié les maisons et dont les habitants se sont mis résolument à planter la vigne; c'est ensuite Charrier, où il y a un dépôt d'alfa; puis viennent Franchetti, qui porte le nom d'un des défenseurs de Paris en 1870, et Nazereg, où tout est vert et frais comme dans les plus jolis villages de France.

Non loin de Franchetti, nous aperçûmes un énorme rocher fendu par un tremblement de terre. Les Arabes, toujours heureux d'avoir quelque légende à raconter, prétendent qu'Allah écarta les deux parties de ce rocher à la prière d'une mère voulant sauver son enfant de la poursuite d'une panthère.

Nous sommes arrivés le soir à Saïda, située à la base des collines qui limitent au nord la région des Hauts-Plateaux. Cette ville, dont le nom signifie la Fortunée, a été créée en 1854, à 2 kilomètres de la Saïda d'Abd-el-Kader, ruinée par nos troupes dix ans auparavant. Une avenue ombragée d'arbres, l'avenue Gambetta, va de la gare à la redoute qui occupe l'extrémité la plus élevée de la ville.

« Avant 1864, dit à mon père M. Charles Solari, maire de Saïda et conseiller général, il n'y avait ici aucune construction en dehors de l'enceinte, et ce ne fut guère qu'après 1870, c'est-à-dire sous la République, qu'on finit par comprendre que Saïda pouvait être autre chose qu'un poste militaire renfermé entre quatre murs. Aujourd'hui notre ville compte quatre mille cent vingt-cinq habitants et nos écoles sont fréquentées par sept cent vingt enfants. C'est en grande partie à nos institutions libérales que nous devons cette prospérité, et la commune l'a si bien senti qu'elle a fixé sa fête annuelle au 21 septembre, anniversaire de la proclamation de la première République. »

L'altitude de Saïda, qui est de 868 mètres, fait qu'on peut y cultiver les arbres fruitiers et les légumes du nord de la France. De nombreuses fermes, dans lesquelles on se livre à la culture de la vigne et des céréales, sont éparpillées aux environs de la ville, au milieu de très belles forêts

Saïda, d'après une photographie de M. Cairol.

de pins d'Alep et de chênes verts. Favorisée par d'abondantes sources et des cours d'eau qui permettent d'irriguer le sol, cette région acquiert chaque jour une importance nouvelle et n'aura, dans un avenir prochain, rien à envier au littoral.

D'ailleurs on ne saurait mieux démontrer l'état prospère de la colonisation autour de Saïda qu'en citant quelques chiffres concernant une des fermes dont je viens de parler. Cette ferme a été créée en 1877 par M. Jacques Solari, père du maire actuel. Ses dépendances s'étendent sur une superficie de plusieurs milliers d'hectares. Une source, fournissant de 70 à 80 litres d'eau à la seconde, en fait la richesse. Il y a là 150 hectares de vigne dont les vins ont obtenu des médailles aux expositions de Rouen et d'Anvers, et une mention honorable à l'exposition de Liverpool. Des prairies d'une contenance de 100 hectares y nourrissent cent trente vaches laitières, six cents moutons, quarante chevaux ou mulets et quinze paires de bœufs. A côté, on cultive le blé, l'orge, l'avoine, la pomme de terre. Je ne parle pas des arbres répandus sur la propriété et qui sont au nombre de trois mille cinq cents, parmi lesquels des noyers formant une allée de 700 mètres.

Nous avons passé toute la journée du 22 septembre à Saïda, et nous y serions certainement restés davantage si nos jours de voyage n'eussent été comptés. Le lendemain, pendant que nous descendions à la gare pour prendre le train de Mécheria, le soleil, qui s'était levé derrière la redoute, inondait de sa lumière l'avenue dans toute sa longueur. Il était environ sept heures du matin. L'air était pur et vif. Les oiseaux chantaient dans les branches et leurs chants se mêlaient au murmure des ruisseaux coulant de chaque côté de la chaussée. Je me sentais de bonne humeur et vraiment heureux de pouvoir constater l'essor pris par notre belle Algérie, si peu connue, hélas ! de tant de Français.

CHAPITRE XVIII

LES HAUTS-PLATEAUX

En sortant de Saïda, nous passons à travers des constructions arabes et des vignes superbes restées d'un beau vert. Un peu plus loin errent des troupeaux de vaches et de moutons, puis les cultures recommencent et deviennent de plus en plus soignées au fur et à mesure que nous approchons d'Aïn-el-Hadjar.

Aïn-el-Hadjar est à 11 kilomètres de Saïda, au bord de ce qu'on appelle la mer d'alfa. En 1881, ce centre fut pillé et incendié par les bandes du fameux Bou-Amema, mais il s'est rapidement relevé de ses ruines. D'énormes baraquements, des meules d'alfa, des centaines de wagons, des locomotives qui vont, viennent, sifflent au milieu d'un personnel nombreux composé d'Espagnols, hommes, femmes, enfants, donnent aujourd'hui à Aïn-el-Hadjar une importance et une animation extraordinaires. Tout le monde y travaille joyeusement au bruit des conversations et des chants. L'alfa est peigné, trié, puis mis en ballots par de fortes presses hydrau-

Pied d'alfa.

liques. Les maisons des ouvriers sont construites sur

un plan uniforme. Il y a des fleurs, de l'eau qui coule. Une grande cheminée d'usine, d'où sort une fumée noire montant lentement vers le ciel bleu, domine cette petite ville, appelée évidemment à un développement considérable.

Après Aïn-el-Hadjar s'étend la vaste région des Hauts-Plateaux.

« Il y a quelques années, me dit mon père, on considérait cette vaste région des Hauts-Plateaux, dans laquelle nous entrons, comme une région déshéritée. On se trompait. Il y avait là une richesse méconnue, dédaignée, ignorée. Cette richesse consistait précisément dans cette herbe que tu vois autour de toi et qui paraît si vulgaire.

« Regarde cette plante aux feuilles effilées en forme de petits joncs. Autrefois on ne tirait parti que de ses jeunes pousses ou de ses feuilles tendres, avec lesquelles on nourrissait les bestiaux. Quelques Espagnols s'en servaient encore pour confectionner de menus objets tels que paniers, corbeilles, nattes, et c'était tout. Quand nous prîmes possession des Hauts-Plateaux et que nous les vîmes recouverts de cette herbe qui exclut toute autre végétation sur le sol où elle pousse, nous dîmes : « Il n'y a rien à « faire ici. Le plateau, c'est le désert. »

« C'était si peu le désert, qu'aujourd'hui le revenu annuel dû à l'alfa est de 15 à 20 000 000 de francs.

« Ce fut en 1862 qu'un navire anglais prit, dans le port d'Oran, le premier chargement d'alfa. On s'aperçut bientôt en Europe que cette plante pouvait fournir matière à une grande industrie. En 1870, l'exportation de l'alfa s'éleva à 370 000 quintaux métriques, et en 1885 à 800 000. »

Comme je remarquai de grandes surfaces n'offrant plus une seule touffe de cette herbe précieuse, j'en demandai la cause à mon père.

« Cela tient, me répondit-il, à ce que la cueillette y a été mal faite. Pour récolter l'alfa, les Espagnols se servent de bâtonnets autour desquels ils enroulent les feuilles, mais ils devraient avoir soin de ne pas arracher toute la plante jusqu'aux racines. Dans les endroits où ils l'ont fait, l'alfa ne repousse plus.

— Et maintenant, dis-je, il ne me reste plus qu'à savoir quelle est cette grande industrie à laquelle l'alfa a donné naissance.

— Cette grande industrie, reprit mon père, n'est autre que celle de la fabrication du papier. Or si tu songes à la prodigieuse consommation de papier qui se fait dans le monde entier, tu comprendras facilement le succès obtenu par l'exploitation de l'alfa. Toutefois nos industriels français peuvent difficilement entrer en concurrence avec les industriels anglais pour l'utilisation de ce produit. Cela tient à ce que nos grandes fabriques à papier sont situées à l'intérieur des terres et que le prix de l'alfa se trouve ainsi grevé de lourds frais de transport. En Angleterre, beaucoup de journaux, et notamment le *Times*, sont imprimés sur papier d'alfa. »

D'Aïn-el-Hadjar, après avoir traversé de vastes plaines incultes, plaines parcourues par de grands troupeaux gardés par des Arabes, nous franchissons le col de Tafaroua. Tafaroua est le point culminant de la ligne d'Arzew à Mécheria, en même temps que le centre des Hauts-Plateaux, qui ensuite vont en s'inclinant légèrement vers le sud.

De Tafaroua, on a un horizon immense. Il fait d'ailleurs un temps splendide, et c'est à pleins poumons que nous respirons l'air sec et vif de ces hauteurs. Au milieu du profond silence qui y règne, on entend la locomotive haleter comme un chien fatigué. Les moutons, les bœufs, les chameaux apparaissent dans le lointain, à travers l'atmosphère transparente, comme autant de petits points noirs se mouvant sur une plaine infinie.

En présence de cette nature sévère, mais qui a sa poésie, une poésie étrange et majestueuse, on s'explique les mœurs pastorales, la vie contemplative des Arabes. Ce n'est pas, en effet, dans leurs tentes basses et d'aspect si misérable qu'ils vivent, mais bien au grand air, sous ce beau ciel bleu. Ils y coulent doucement leurs jours, insouciants et rêveurs, et, pendant les splendides nuits étoilées, ils y jouissent d'un spectacle incomparable. Ils ne s'attachent à aucun point de ce sol. Voyageurs éternels, ils vont planter leurs tentes ailleurs quand ils ne trouvent plus de pâturages autour d'eux, ou simplement quand ils s'ennuient.

CHAPITRE XIX

A TRAVERS LES CHOTTS

A Khrafalla, le train s'arrête une demi-heure. C'est plus qu'il n'en faut pour voir les quelques maisons, baraques ou masures de cet endroit désolé. Des tas de bottes d'alfa récemment cueilli sont placés près de la voie et attendent les wagons qui doivent les transporter à Aïn-el-Hadjar.

Nous arrivons à Modzba à onze heures et demie. Ruines crénelées à gauche.

« A partir de Modzba, me dit mon père, nous allons suivre la ligne qui a été construite en 1881. L'histoire en est curieuse et mérite d'être notée.

« Le marabout Bou-Amema venait de susciter dans ces parages une insurrection qui avait débuté par l'assassinat d'un sous-lieutenant nommé Weinbrenner. Cette insurrection s'était continuée par la défection de nos tribus des Hauts-Plateaux, et par des pillages, des incendies et des meurtres. Notre devoir était de protéger les travailleurs européens et de sauvegarder le matériel servant à la préparation de l'alfa.

« Mais il était bien pénible pour nos colonnes, qui devaient porter avec elles bois, eau, vivres, munitions, de poursuivre à travers ces plaines arides, sablonneuses, un ennemi dont la tactique était d'ailleurs de fuir à notre approche.

« Aussi le gouvernement comprit-il vite la nécessité d'un chemin de fer qui pénétrât plus avant dans le sud.

« En conséquence, cette même année 1881, les Chambres ayant voté d'urgence l'établissement de la ligne sur laquelle nous allons voyager, M. Fousset, ingénieur en chef de la compagnie Franco-Algérienne, donna l'ordre d'exécution des travaux. Le 7 août, huit cents ouvriers étaient à l'œuvre, et le 2 avril de l'année suivante, malgré les ouragans, les neiges et les inondations qui occasionnèrent une interruption de travail de soixante-dix jours, la locomotive sifflait à Mécheria, à la stupéfaction des Arabes.

« En résumé, une ligne de 115 kilomètres avait été établie en deux cent trente-neuf jours, ce qui correspond à une longueur moyenne d'environ un demi-kilomètre par jour. »

Pendant que mon père me donnait ces curieux détails, nous traversions les immenses plaines où la société Franco-Algérienne a obtenu une concession de 300 000 hectares pour l'exploitation de l'alfa. Dans ces vastes solitudes, on aperçoit çà et là des carcasses d'animaux d'où s'envolent, au passage du train, des nuées de corbeaux ou quelque vautour chauve.

Marabout prêchant la guerre sainte.

A Modzba, un cavalier arabe, qui attendait l'arrivée du train, prend la correspondance et part sur notre droite à travers la plaine. Pour quelle destination? Sans doute pour Marhoum, un des centres où l'on exploite l'alfa et qui est situé à 32 kilomètres de Modzba.

Nous nous remettons en route. Pas une ondulation de terrain. Seuls, les poteaux télégraphiques indiquent devant nous la direction de la voie. A midi, nous sommes au milieu d'un entrepôt d'alfa qui dépasse tout ce qu'on peut imaginer. Il y a là de quoi charger des milliers de wagons. Les bottes de cette herbe forment des meules de plus de 1 kilomètre de long. J'en compte comme cela de trente à quarante. Le train s'arrête. C'est la station de Tin-Brahim.

A Tin-Brahim, comme à Assi-el-Modani, comme aux autres stations des Hauts-Plateaux, la gare est une maison en pierre crénelée, une espèce de redoute, car on a prévu le cas où il faudrait s'y défendre à coups de fusil. Vingt minutes après Assi-el-Modani, l'alfa devient rare. Nous apercevons le chott El-Chergui. On n'en distingue pas les extrémités, puisqu'il a 140 kilomètres de long sur 20 à 40 de large. La surface en est composée d'un mélange de sable et de détritus gypseux. A ma droite, cela brille comme un miroir. En somme, ce chott est en grand ce que les oueds sont en petit : un vaste lit, de larges espaces à sec et un peu d'eau. L'eau qui aboutit au chott El-Chergui est une eau

pluviale, par suite intermittente. A une heure moins un quart apparaît un bouquet d'arbres dans le lointain : c'est le Kreider.

« Le Kreider ! Une heure cinq minutes d'arrêt ! » crie un employé en ouvrant notre portière.

Nous descendons avec la pensée de déjeuner, mais voilà qu'on nous apprend que l'*Hôtel des Voyageurs* — c'est du moins l'enseigne qu'on peut lire sur le pignon d'une maison du village — est fermé pour cause de décès. Que faire? L'air des Hauts-Plateaux nous a tellement aiguisé l'appétit, que mon père prend son courage à deux mains et que — ventre affamé n'a pas de scrupule — il demande à manger à la première bonne femme que nous rencontrons.

En apaisant notre faim tant bien que mal, nous causons avec notre hôtesse.

« Nous avons une mairie toute neuve, nous dit-elle, et pas de maire; une école également toute neuve, et pas d'instituteur. Et pourtant, ajoute la brave femme en nous servant des œufs cuits dans de l'huile rance, et du jus de chapeau en guise de café, nous sommes en république, et l'instruction est obligatoire ! »

Le village et les constructions militaires sont à gauche de la voie ferrée, et la garnison est en temps ordinaire de cinq à six cents hommes; mais aujourd'hui, 23 septembre, il y a en plus un détachement campé sous la tente et prêt à partir pour le Tonkin.

A droite, quelque chose de noir grouille sur le fond blanc et crayeux entourant la partie du chott où il y a de l'eau. On nous dit que ce sont des chameaux. Ils y sont en quantité innombrable. Je remarque aussi un peu plus loin des plantations d'arbres près desquelles sont les sources qui donnent en abondance de l'eau fraîche et pure. C'est avec l'eau de ces sources qu'on remplit les wagons-citernes destinés à alimenter les gares des Hauts-Plateaux.

Après le Kreider, le sol devient sablonneux. La vue se fatigue à regarder les paillettes luisantes du chott à sec. Çà et là on remarque les empreintes laissées par le passage des chameaux, gazelles, etc. Nous nous arrêtons successivement à Bou-Gueloul, Rezaïna, Bir-Sénia, El-Biod, Krebazza, stations solitaires et désolées. On se croirait au bout du monde.

CHAPITRE XX

MÉCHERIA

Cependant depuis longtemps déjà se dresse à l'horizon une haute et imposante chaîne de montagnes. C'est le djebel Antar, qui va en se renforçant du nord au sud. Nous en approchons de plus en plus. Il me semble que nous marchons droit sur lui et que nous allons l'escalader; mais, à partir d'El-Biod, la voie incline vers le sud et court parallèlement aux flancs du géant.

Nous assistons alors à un spectacle magnifique. Il est cinq heures et demie. Le soleil rase le sommet du djebel Antar. Peu à peu une partie du disque lumineux se dérobe et les ombres s'allongent jusqu'à nous. Quelques instants après, le roi du jour, qui paraît lutter pour rester au-dessus de l'horizon, remonte brusquement comme un ballon dont on aurait jeté du lest. Et le voilà qui se promène comme une énorme boule de feu sur la crête de la chaîne de montagnes. Il est tellement éblouissant que je ne puis en soutenir l'éclat. Il semble, par suite du mouvement du train, continuer sa course vers le sud et toujours dans la même position relative. Parfois on dirait qu'il va plonger; eh bien, non, il se relève et inonde toujours de ses rayons la région des Hauts-Plateaux. Mais nous voilà en vue de gourbis annonçant Mécheria La locomotive siffle, et au même moment Phœbus se cache pour de bon.

En arrivant à Mécheria, la première chose que nous fîmes fut de nous mettre en quête d'un gîte.

Des amis de Saïda nous avaient indiqué une porte où nous pourrions frapper. Mais quand nous nous y présentâmes, deux voyageurs se partageaient déjà l'unique chambre disponible. Cela ne nous souriait guère d'être les troisième et quatrième, et cependant nous ne refusâmes pas formellement, nous réservant d'accepter, faute de mieux.

Ce mieux devait consister pour nous en la chambre à coucher d'un ménage espagnol, chambre assez originale pour être décrite. Si d'autres voyageurs que nous y ont passé la nuit, ils pourront attester l'exactitude de ce que je vais en dire.

D'abord cette chambre est en torchis, et, à l'intérieur, les murs sont à peine badigeonnés. Le plafond n'est autre chose que le toit, qui est en planches mal jointes. En fait d'ouvertures, il n'y a que la porte et un seul trou en forme de sabord percé du même côté que celle-ci. Dans un coin, un lit en fer. Au-dessus du lit, un petit saint Jean autour duquel on a peint grossièrement des guirlandes de fleurs. Un grand bahut se dresse contre le mur qui fait face au pied du lit. Des hardes de femme sont accrochées auprès, et des hardes d'homme derrière la porte. Le mur opposé est illustré d'une mosquée blanche, flanquée de deux palmiers noirs et jaunes, le tout se profilant sur un ciel d'un bleu criard. Je m'assieds pour écrire devant une table sur laquelle reposent un miroir cassé et une chandelle de suif. Je prends note des vieilles estampes qui achèvent de décorer ce réduit. L'une est intitulée : *Une idylle à Montmartre;* une autre représente un épisode de la bataille de Magenta; une troisième, *le Dîner sur l'herbe.*

Dans *le Dîner sur l'herbe,* un jeune cavalier verse à boire à trois dames dont l'une, debout, cueille une pomme dans un pommier à l'ombre duquel le repas a lieu.

Pendant que je griffonne ces lignes, on nous apporte à dîner. Ma foi, on ne nous sert pas si mal que cela. Des œufs à la coque bien frais, du saucisson, du fromage, une bouteille de bon vin; c'est plus qu'il ne nous en faut pour nous réconcilier avec Mécheria.

L'établissement militaire est à droite, derrière la gare, au pied du djebel Antar. Il compte de deux mille à deux mille cinq cents hommes. On y voit poindre un peu de verdure dans le jardin du commandant supérieur. De l'autre côté de la gare, un village commence à s'ébaucher. Des marchands de comestibles et des cabaretiers, installés autour d'une place carrée, en constituent les premiers éléments.

La place est ornée d'une fontaine près de laquelle il n'y a qu'un seul pauvre petit arbre, mais des trous sont creusés pour en planter d'autres. Comme le Kreider, Mécheria possède une mairie et une école toutes neuves, mais n'a ni maire ni instituteur. Ces constructions portent la date de 1884.

Derrière le village, abreuvoir et lavoir. Autour de la gare, qui est le principal monument de l'endroit, cinq ou six meules d'alfa.

Le cimetière est à gauche, en face de la gare. Il renferme de nombreuses tombes, environ deux cent cinquante, sur lesquelles on a placé des colonnes brisées, des pierres ou simplement des croix en bois. Pas un arbre, pas une fleur, pas un brin d'herbe.

J'y entre pour lire quelques inscriptions. Les deux premières tombes sur lesquelles je jette les yeux sont celles de deux capitaines. Tous deux sont morts en 1882, l'un le 12 septembre, l'autre le 17, celui-là à trente-six ans, celui-ci à trente-cinq. Je passe à une troisième. C'est celle d'un caporal décédé le 20 septembre 1882, à l'âge de vingt-quatre ans. Je suis ému. Je salue tous ces inconnus tombés ici au service de la France, et je me retire, ne voulant pas en voir davantage.

CHAPITRE XXI

RÉCIT D'UN SOLDAT

Le lendemain, en nous promenant dans Mécheria, un heureux hasard nous fit rencontrer un de nos cousins, militaire de la garnison et que nous croyions être actuellement à Géryville. Quelle surprise joyeuse ce fut pour lui de pouvoir nous embrasser et causer avec nous! Dans ce poste, situé à 88 lieues d'Arzew, c'est un événement de voir arriver un parent ou un ami. Pour notre cousin, nous apportions quelque chose de la famille, de la terre natale, au milieu de ces parages silencieux et mornes qui semblent être le triomphe du règne minéral. Il était tout ému, comme si notre présence lui eût rendu visible un petit coin de la France et eût évoqué chez lui un monde de souvenirs.

Mon père l'invita à déjeuner et nous causâmes de mille choses, notamment de Mécheria, qui se développera vite quand on aura prolongé la voie ferrée jusqu'à Aïn-Sefra, ce dont on s'occupe activement[1].

1. La voie ferrée de Mécheria à Aïn-Sefra est aujourd'hui ouverte au public.

Campement de nomades.

« Autrefois, nous dit notre cousin, il fallait aux troupes quinze jours de marche pénible pour se rendre du littoral à Mécheria, et si vous saviez quelle grosse affaire c'était que de transporter les munitions et les approvisionnements!

« Aujourd'hui, ce qui demandait quinze jours n'exige plus que quinze ou seize heures. Il en sera de même pour Aïn-Sefra. Il faut aujourd'hui quatre jours pour s'y rendre; grâce à la locomotive, on ne mettra plus bientôt que quatre heures. »

Nous continuâmes à parler du pays, et notre cousin nous raconta la part prise par lui à l'expédition du sud oranais en 1881.

« J'avais été désigné, dit-il, pour faire partie des troupes placées sous les ordres du général Colonieu. Le chemin de fer nous conduisit jusqu'à Modzba, dans la partie septentrionale de la cuvette des Hauts-Plateaux. Modzba, vous le savez, était alors le point extrême de la voie ferrée.

« De Modzba, notre bataillon, disposé en colonne, se rendit à Sfid, où nous restâmes quatre jours. Puis on nous distribua 3 kilogrammes de pain par homme et nous nous mîmes en route pour le sud. Plusieurs de mes camarades, trouvant la charge trop lourde, jetèrent un pain. Hélas! combien ce pain devait être regretté plus tard, car pendant huit longs mois nous n'allions plus guère recevoir que du biscuit.

« Notre première étape fut le Kreider, que vous connaissez, puisque vous y êtes passés. Nous avions fait plus de 40 kilomètres sous un soleil de juillet, au milieu de broussailles inextricables parsemées de cailloux qui nous brisaient les pieds. Nous étions harassés, exténués, mourants de soif; mais au Kreider, où il y a de belles sources, nous eûmes la chance de trouver de l'eau fraîche, et ce ne fut pas pour nous, je vous assure, une mince satisfaction.

« Notre seconde étape fut également très pénible. Quelle monotonie fatigante autour de nous! Aussi loin que nous pouvions voir, s'étendait la plaine sablonneuse. Seul, le sommet du djebel Antar, qui semble se perdre dans le ciel, rompait l'uniformité de notre horizon.

« Il ne nous fallut pas moins de huit heures pour faire 24 kilomètres, car, malgré nos grandes enjambées, nous n'avancions guère, nos pieds s'enfonçant dans le sable jusqu'aux chevilles.

« Nous traversâmes le chott El-Chergui, où nous pataugeâmes dans une boue épaisse et salée. La sueur nous inondait le visage, et nous recommencions à tirer la langue.

« Ah! les Arabes ont bien raison d'appeler ce pays le pays de la soif!

« A l'étape, les puits ne nous fournirent qu'une eau saumâtre, nauséabonde, et pourtant comme nous nous précipitions pour la boire! Les plus délicats ne paraissaient pas s'apercevoir qu'elle était pleine de débris d'animaux en putréfaction, principalement de chameaux morts de fatigue que nos ennemis y avaient précipités.

« Dans la suite, les Arabes ne reculèrent pas devant l'empoisonnement des puits, et, en plein désert, nous dûmes nous résigner à la maigre ration d'un litre d'eau par homme et par jour.

« Avec cela un ennemi insaisissable, qui nous épiait cependant sans cesse et qui massacrait impitoyablement ceux d'entre nous qui avaient le malheur de rester en arrière.

« Tantôt nous étions obligés de marcher la nuit au milieu des touffes d'alfa, contre lesquelles nous buttions à chaque instant.

« Tantôt nous devions lutter contre l'affreux siroco. Alors nous avions la peau crispée, la bouche desséchée, nous respirions à peine, et pourtant Il fallait suivre la colonne.

« Malheur à qui se serait couché sur ce sol! il y serait mort.

« Je me rappelle que nous arrivâmes ici un matin à huit heures, sans pouvoir y trouver une goutte d'eau, les puits ayant été comblés par les Arabes. De sorte que, bien que nous ayons marché toute la nuit, il n'y eut pour nous nul repos possible. Il fallut aller travailler aux sources, dresser les tentes, monter la garde.

« A peine étions-nous installés depuis trois ou quatre jours que nos espions nous signalèrent, à une vingtaine de lieues, la présence des contingents de Bou-Amema. Il fallut nous remettre en route, avec nos mulets, nos chameaux et nos quelques pièces de canon. Nous étions en tout environ neuf cents hommes.

La guerre sainte.

« Partis à deux heures du matin, nous ne nous arrêtâmes qu'à minuit. Que de fatigues, que de souffrances nous eûmes à endurer pendant cette terrible marche! Il ne fallait pas donner l'éveil à l'ennemi. La nuit, il était défendu de fumer, de parler, d'allumer du feu, et nous avions enveloppé nos armes dans nos ceintures de flanelle pour éviter tout cliquetis.

« Ah! je vivrais cent ans, que je n'oublierais pas ce défilé furtif à travers les dunes et les touffes d'alfa! Il y avait quelque chose d'imposant et de tragique dans cette procession d'ombres, dans cette colonne sombre et silencieuse se déroulant, comme un immense serpent, sur cette plaine déserte et désolée, qui pourtant a encore du charme, le charme d'une poésie triste, étrange et majestueuse.

« Nous nous demandions parfois : « Où allons-« nous? » Et une voix intérieure nous répondait : « Peut-être à la mort. » En effet, qui aurait pu affirmer que nous existerions encore le lendemain?

« Bientôt nous aperçûmes au loin dans la plaine les feux de l'ennemi. Nous nous serrâmes les coudes, et alors quelques paroles prononcées à voix basse arrivèrent jusqu'à nous :

« — Du sang-froid!

« — Du courage!

« — La France et l'Algérie comptent sur vous. »

« C'étaient nos braves officiers qui parlaient ainsi pour remonter le moral de ceux qui auraient pu faiblir.

« Ces quelques mots nous firent du bien. Tout le monde reprit confiance. Et, comme la vieille gaieté française ne perd jamais complètement ses droits, on put entendre parmi nous des propos tels que ceux-ci :

« — Artilleurs, préparez vos marmites.

« — Et vous, zouaves, vos flûtes. La danse va « commencer. »

« Et l'on riait, et l'on plaisantait, narguant et gouaillant le danger. Et pourtant, au fond, les cœurs battaient fort. La famille, la maison paternelle, la terre natale nous repassaient devant l'esprit. Nous nous rappelions l'allocution que nous avait adressée notre général à la grande halte, et nous étions prêts à vaincre ou à mourir pour la France. »

CHAPITRE XXII

DANS LE SUD

Arrivé en ce point de son récit et voyant que je n'osais faire un mouvement de peur de l'interrompre, mon cousin s'arrêta court et me dit :

« Petit, je vois dans tes yeux combien tu es avide de connaître ce qui advint cette nuit-là, à la suite de notre marche forcée; eh bien, tu vas éprouver une déception. Les Arabes, prévenus de notre présence et de nos intentions, disparurent avant que nous eussions pu les atteindre. Ainsi toute cette fatigue, toutes ces privations, ces 85 kilomètres parcourus en vingt-deux heures ne devaient servir absolument à rien. Il fallut, hélas! reprendre le chemin de Mécheria, où, pendant trois mois, nous dûmes participer aux travaux militaires que vous avez sous les yeux. Au cours de cette période, la fièvre et la dysenterie nous enlevèrent un grand nombre de nos camarades.

« Après cela, je dus repartir de Mécheria avec la colonne commandée par le général Louis. Elle était

Une oasis.

formée de trois bataillons du 2e régiment de zouaves, d'un escadron de hussards, d'un du 2e chasseurs et d'une batterie du 7e régiment d'artillerie.

« Au bout de quatre jours de marche pénible, nous arrivâmes à Tiout. C'est une oasis charmante. Les habitations y sont en terre, et le village est parfaitement abrité par des rochers rouges qui se dressent au nord. Il y a une mosquée. Tout autour du village sont de grands jardins, des dattiers, des amandiers et d'autres arbres fruitiers du sud. Sur un rocher voisin, des traits grossiers représentent des hommes armés d'arcs et de flèches, des femmes, des animaux parmi lesquels on distingue un éléphant. Avec ses bouquets d'arbres, Tiout ressemble à une grande tache verte au milieu du jaune gris du désert. Il y a là un lac où croissent de grandes herbes aquatiques et au-dessus duquel voltigent de nombreux oiseaux, courlis, pluviers, bécassines, pigeons, poules d'eau. La nuit, aux environs de ce lac, rôdent des gazelles et des antilopes. A Tiout, comme dans nos autres ksour, les dattes, ne se conservant pas, ont peu de valeur et ne font guère objet de commerce. Nous pûmes nous en procurer à raison de quelques sous le kilogramme. Nous sucrions notre café avec ces dattes. Ce sont les plus belles que j'aie vues dans le sud. Elles atteignent le volume d'un œuf et fondent dans la bouche. Les Arabes en font des gâteaux qu'ils aromatisent avec du thym et qu'ils placent dans de petits paniers en feuilles de palmier nain tressées.

Gazelles.

« Le surlendemain nous couchâmes à Aïn-Sefra, où va bientôt aller le chemin de fer de Mécheria. Aïn-Sefra, ou la Fontaine Jaune, est à 1073 mètres d'altitude. Les palmiers y dressent leurs têtes au-dessus des murs d'enceinte menacés par les dunes du désert. En effet, par les gros vents, de la partie supérieure de ces dunes se détachent comme des vagues de sable qui déferlent jusque dans l'oasis. Aujourd'hui il existe à Aïn-Sefra une redoute habitée par une importante garnison.

« Nous réussîmes à obtenir quelques légumes des habitants, et la première fois depuis quatre mois nous pûmes manger une soupe passable, qui remplaça avantageusement notre monotone ration de riz.

« Dans ces régions errent des animaux qui ne sont pas précisément les amis de l'homme. Les principaux que j'y ai vus ou entendus sont la panthère, l'hyène, le chacal et des serpents de toute sorte.

« La gazelle, le mouflon, l'antilope, le lièvre et la perdrix s'y trouvent également en quantité.

« Nous étions à Aïn-Sefra depuis quelques jours, lorsqu'une nuit, à deux heures du matin, nous entendîmes sonner la générale. Nous fûmes vite sur pied et le fourrier nous annonça un départ immédiat. Nous nous mîmes en marche sous une pluie fine et glacée. C'était le 1er novembre. Or, autant il fait chaud l'été dans ces parages, autant le froid y est intense aux approches de l'hiver.

« Nous passâmes par la froide Aïn-Sfisifa ou Source des Trembles, dont le climat est trop rigoureux

Le désert.

pour que les palmiers puissent y croître, puis par Ich, joli village marocain plein de dattiers et bâti en amphithéâtre dans un ravin, ce qui fait qu'on ne l'aperçoit que lorsqu'on y touche.

« Le 5, le camp fut confié à la garde d'une partie de la colonne, à quelques kilomètres du djebel Beni-Smir, et les trois bataillons de zouaves, sous les ordres de l'excellent colonel Swiney, gravirent la montagne où l'ennemi s'était retiré. Cette opération ne dura pas moins de cinq heures. A midi, le combat s'engagea au centre.

« Pour des raisons que j'ignore, les choses n'allèrent ni aussi vite ni aussi bien que nous l'eussions voulu. Nous dûmes tirailler toute la nuit. Au loin, nous voyions, à la lueur des feux de berger, les femmes arabes fuir vers le désert.

« Le lendemain, quand nous comptâmes nos pertes, nous eûmes à enregistrer huit morts dont un officier, et treize blessés. Nous rentrâmes au camp avec vingt-cinq prisonniers, trois cents chameaux, cent cinquante chevaux ou mulets et vingt mille moutons.

« Nous y arrivâmes les vêtements déchirés par les aspérités de la montagne qu'il nous avait fallu escalader en nous faisant la courte échelle et en nous aidant de nos armes. Nous avions la figure noire et les joues creuses.

« Depuis de longues heures, ceux qui, malgré les ordres donnés, avaient gaspillé les vivres de réserve, ne possédaient plus même un morceau de biscuit.

Le cœur assombri, le sourcil froncé, nous avancions silencieux et graves.

« Chasseurs, artilleurs, soldats du génie étaient sortis pour nous recevoir à quelques pas des tentes, d'où se faisaient entendre les plaintes et les gémissements des blessés arrivés avant nous.

« A part cela, pas un mot. Mais, quand nous fûmes près de nos camarades, un cri immense, unanime sortit de leurs poitrines : « Vivent les zouaves ! » Et alors ce furent de chaleureuses poignées de main, des étreintes fraternelles échangées.

« Les braves cœurs, sachant que nous avions faim, partagèrent avec nous les vivres qu'ils avaient touchés pour deux jours le matin même. Pendant toute la durée du défilé, le général tint son képi à la main.

« Le 7, les morts et les blessés furent dirigés sur Aïn-Sefra. A cette occasion, le général prononça quelques paroles qui nous arrachèrent des larmes. »

CHAPITRE XXIII

APRÈS L'EXTRÊME CHALEUR, L'EXTRÊME FROID

« Le 11 novembre, nous partîmes à travers les montagnes, et, quelques jours après, ayant été envoyés en reconnaissance, nous engageâmes contre les rebelles un combat dans lequel un homme de mon escouade, le brave Dubreuil, fut tué.

« Le 17, le génie mina le rempart de Moghar-Foukani. Rangés à 500 mètres, nous attendîmes l'explosion pour nous élancer.

« — En avant! » cria le colonel.

« Trois heures après, le village n'était plus qu'un amas de ruines. Voilà où entraîne la guerre!

« Puis nous arrivâmes à Moghar-Tahtani, pays de Bou-Amema. Les habitants s'empressèrent de nous apporter du couscous, des dattes et du miel pour témoigner de leurs bons sentiments envers nous. Mais ce fut en vain. Nous cernâmes le village, et le génie, ayant pénétré dedans avec une compagnie de zouaves, fit sauter la maison de Bou-Amema et ses dépendances.

Un marabout.

« Moghar-Tahtani, qui compte environ huit cents habitants, est arrosé par une source limpide et fraiche. Deux petites montagnes font ressembler ce village à un port. Quelques rochers saillants complètent l'illusion en simulant une jetée. Il y a aux environs une forêt de palmiers longue de 3 kilomètres.

« Après avoir campé au pied du djebel Mekter par un froid des plus vifs, nous revînmes à Tiout, où les habitants nous firent un accueil véritablement hospitalier et amical. Puis nous partîmes dans la direction du nord-ouest, traversant des plaines de thym et d'alfa, par un temps couvert et un froid intense annonçant la neige.

« Nous passâmes par Chellala, où avait eu lieu le combat du 19 mai. Le champ de bataille était encore jonché de barils défoncés, de cercles de tonneaux, de bâts de chameaux, etc. Nous paraissions perdus au milieu de la neige, que le vent commençait à nous envoyer en pleine figure et qui bientôt couvrit la terre d'une couche de plusieurs centimètres d'épaisseur.

« C'est dans ces tristes conditions que nous arrivâmes à Géryville. En traversant un oued, un de mes camarades tomba. Trop faible pour se relever tout seul, il aurait certainement péri si nous n'étions venus à son secours.

« Nous restâmes huit jours à Géryville. Depuis notre départ de Moghar, nous n'avions pris aucun aliment chaud. Du biscuit et un peu de cognac, voilà tout.

« Les habitants européens nous fuyaient. Il est

vrai que certains d'entre nous, soldats peu soigneux et manquant d'esprit militaire, étaient épouvantables à voir et ressemblaient à des routiers. Nous n'avions que les effets emportés au départ. Depuis le commencement de la campagne, nous ne nous étions jamais déshabillés. Couverts de poussière et parfois de vermine, les coudes et les genoux percés, les cheveux et la barbe incultes, le visage amaigri, nous inspirions, hélas! plus de pitié que de sympathie. Pourtant chacun s'arrangeait le moins mal possible. On voyait des zouaves en képi, en bottes, en caleçon; des chasseurs en coiffure d'artilleur, des hussards en calotte. Je m'arrête; je me sens incapable de raconter tout au long ces misères.

« Le 8 décembre, nous nous remîmes en marche vers le nord par un temps affreux; nous dûmes camper au milieu de la neige. Puis arriva un contre-ordre et nous fîmes demi-tour sur Géryville. La tourmente, devenue indescriptible, avait produit une confusion inouïe. Tous les rangs étaient rompus. A minuit, nous rentrâmes à Géryville par groupes de cinq, dix, vingt soldats. Au jour il en arrivait encore.

« Je me rappelle que nous payâmes alors le pain 1 franc la livre. Nous manquions de tabac. Il m'est arrivé d'acheter une cigarette 50 centimes.

« A défaut de pain, nous délayâmes de la farine que nous fîmes cuire sous la cendre, et c'est avec une avidité extraordinaire que nous dévorâmes les galettes ainsi improvisées.

« J'avais passé la nuit dans un cabaret de quelques

mètres carrés. Nous y étions au moins cinquante, mouillés, serrés les uns contre les autres, grelottants. Impossible de nous faire servir quoi que ce soit, même au poids de l'or.

« Nous eûmes à subir cette terrible situation pendant plusieurs jours, et beaucoup de mes camarades durent entrer à l'hôpital pour engelures graves.

« Enfin, nous quittâmes Géryville le 30.

« Le 1er janvier nous trouva en route pour Mécheria. A l'aube, trompettes et clairons firent retentir l'air de leurs joyeuses fanfares. On s'abordait et on se serrait la main avec tristesse. On se souhaitait réciproquement une année meilleure que celle qui venait de s'écouler. Un quart de vin et une ration extraordinaire de cognac nous furent distribués.

« Le soleil, comme s'il voulait saluer l'année nouvelle, se montra pour la première fois depuis près d'un mois et fut vivement acclamé par nous. Quelqu'un, au milieu de l'animation générale, entonna *la Marseillaise*. Au refrain, trois mille hommes chantaient à l'unisson.

« Nous arrivâmes à Mécheria le 3 janvier, par une pluie battante et glacée.

« Mais je ne veux pas abuser de votre attention en vous racontant le reste de mon odyssée militaire. Qu'ajouterais-je, d'ailleurs, au récit que je viens de vous faire? Après des marches et des contremarches qu'il est inutile de vous énumérer, et des stations parfois assez longues, nous revîmes enfin Oran.

« Ah ! ce fut un beau jour que celui de notre retour

dans la capitale de la province de l'ouest! Nos camarades de la garnison étaient venus au-devant de nous, musique et clairons en tête. Comme nos vêtements en haillons contrastaient avec les brillants uniformes des soldats du dépôt, et comme nos turbans souillés de poussière étaient ternes auprès des leurs! Après une halte de quelques minutes, nous fîmes notre entrée en ville. C'était un dimanche. Oran avait pris son air de grande fête. Les rues étaient pleines de monde. Nous marchions au son de *la Marseillaise* à travers la foule rangée sur les trottoirs. Quel enthousiasme sur notre parcours! Que de fronts se découvraient, que de voix nous acclamaient, que de larmes dans les yeux des jolies promeneuses! Ce jour-là j'oubliai tout, fatigues, privations, dangers, car je compris combien le peuple a d'attachement et de reconnaissance pour ceux qui ont bravement servi la patrie.

« Ce devoir envers la patrie, ajouta-t-il en se tournant vers moi et en me regardant dans les yeux, tu auras à le remplir un jour. Eh bien, mon cher cousin, retiens ceci : si tu te conduis alors en soldat discipliné et courageux, tu te sentiras ensuite plus fort et mieux en mesure de faire face à toutes les exigences de la vie. »

Tel fut le récit que nous fit mon cousin. J'ai tenu à le reproduire aussi fidèlement que possible dans mon carnet, et je pense que ce ne sera pas la partie la moins intéressante de mes notes de voyage.

CHAPITRE XXIV

SIDI-BEL-ABBÈS

Nous revînmes par le chemin de fer jusqu'à Mascara, d'où nous partîmes en voiture pour Sidi-bel-Abbès. Après avoir traversé les villages de Saint-André et de Tizi, nous passâmes près de la source d'Aïn-Fekkan, une des plus considérables du département et à 6 kilomètres de laquelle a été créé le joli village du même nom, peuplé d'Alsaciens et de Lorrains.

La route court au pied de montagnes d'où descendent de nombreux ruisseaux qui rendent le sol fertile. A peu près à égale distance de Mascara et de Sidi-bel-Abbès prospère l'important centre de Mercier-Lacombe, chef-lieu de la commune mixte de la Mékerra et remarquable par ses belles eaux et ses grands arbres. De Mercier-Lacombe à Sidi-bel-Abbès, plusieurs puits, entre autres le *puits d'Abd-el-Kader*, et quelques fermes européennes.

Enfin, nous voilà arrivés à Sidi-bel-Abbès, après avoir fait en voiture un trajet de 93 kilomètres.

L'hôtel de ville de Sidi-bel-Abbès.

Ce qui frappe d'abord en entrant dans ce chef-lieu d'arrondissement, situé à 78 kilomètres d'Oran, ce sont ses belles avenues bordées de mûriers et de platanes ombrageant de vastes chaussées bien construites. Du premier coup d'œil on s'aperçoit que la ville est composée de deux quartiers bien distincts, le quartier civil et le quartier militaire. Le premier comprend la sous-préfecfecture, l'hôtel de ville, le tribunal, l'église, les écoles, le théâtre; dans le second sont les casernes, l'hôpital, le cercle des officiers, etc.

Quelle différence avec Oran! Ici nous sommes sur un sol plat comme une table, et les rues, qui ont jusqu'à 25 mètres de large, ont été tirées au cordeau. Comme aspect, Oran est une ville fantaisiste, invraisemblable; Sidi-bel-Abbès, une ville régulière, géométrique.

« C'est d'ailleurs, me dit mon père, une bien curieuse histoire que celle des débuts de ce centre agricole, le plus florissant de l'Algérie.

« En 1842, à l'endroit où nous sommes, il n'y avait que des broussailles et des palmiers nains, quand l'autorité militaire reconnut la nécessité d'y établir un relais entre la côte et nos postes avancés du sud. Le tombeau ou koubba d'un musulman célèbre, nommé Sidi Bel-Abbès, fut le lieu désigné pour ce relais.

« L'année suivante, sur l'ordre du général Bedeau, nos soldats construisirent sur la rive droite de la Mékerra, en face et à peu de distance de la koubba, une redoute qui occupait une surface d'un demi-hectare environ.

« Eh bien! c'est cette redoute qui fut le berceau de Sidi-bel-Abbès. »

Ici je ne pus m'empêcher d'interrompre mon père et de m'écrier :

« Ah! on dit que les Français ne savent pas coloniser. Que ceux qui avancent une chose pareille viennent donc visiter notre belle Algérie et en particulier Sidi-bel-Abbès. Quand ils auront vu cette ville charmante avec ses fontaines, ses jardins, ses environs parsemés de maisons de plaisance et de fermes, je suis sûr qu'ils reconnaîtront leur erreur et rendront hommage à nos braves colons.

— Tu as raison, me répondit mon père, Sidi-bel-Abbès offre un joli spécimen des rudes travaux exécutés par nos compatriotes en Algérie. Un jeune voyageur qui aurait osé s'aventurer ici il y a quarante-quatre ans et qui, vieillard, y reviendrait aujourd'hui, n'en pourrait croire ses yeux. A la place des quelques tentes en toile et de la redoute que nos soldats, dans leur langage pittoresque et expressif, appelaient *Biscuitville*, il aurait maintenant le spectacle d'une cité de près de vingt deux mille habitants, où les Européens se sont facilement acclimatés, où se trouvent des représentants de tous les pays et où les naissances donnent d'importants excédents sur les décès. Et avec cela la plaine de la Mékerra transformée comme par enchantement; des fermes et des cultures magnifiques où étaient des marais malsains, des routes et de gais villages où s'étendaient des broussailles impraticables. Si la ville de Sidi-bel-Abbès n'a pas, comme tant d'autres anciennes villes de l'Algérie, de brillants faits d'armes à enregistrer, elle n'en est pas moins glorieuse pour cela. Elle nous offre le pacifique développement de sa population, qui, contrairement à ce qui a lieu dans toute la colonie, ne renferme que très peu d'indigènes, un vingtième à peine ; elle nous montre le frappant accroissement de sa richesse, le grand et salutaire exemple de ce que peuvent la volonté, le travail et la persévérance.

« Et d'ailleurs, continua mon père en s'animant, il existe encore ici de ces rudes pionniers de la première heure. Quand ils sont arrivés, ils étaient pauvres, et leurs débuts ont été bien pénibles. Ils ont eu à lutter contre les privations, la fièvre, la nostalgie. Ils ont vu tomber à côté d'eux un grand nombre des leurs. Mais ils n'ont pas perdu courage. Ils savaient que l'avenir est contenu dans ce mot : persévérer. Et aujourd'hui, à force de labeur et d'ordre, plusieurs d'entre eux sont devenus millionnaires. »

Mon père n'exagérait nullement en parlant ainsi. Plusieurs colons, en effet, sont devenus possesseurs de fortunes considérables, et la plupart des autres vivent dans une grande aisance. Il est, dit-on, peu de vieux cultivateurs qui n'aient leurs cent hectares de terre en plein rapport.

Il y a quelques années, c'était la culture du blé, et

La place des Quinconces à Sidi-bel-Abbès.

notamment des tuzelles, qui était la principale source de richesse. Le commerce de l'alfa s'est aussi pratiqué dès le début sur ce territoire et a puissamment contribué à la construction du chemin de fer de Sainte-Barbe-du-Tlélat à Ras-el-Mâ, en lui assurant un trafic qui en a fait une des lignes les plus prospères de l'Algérie. Aujourd'hui, grâce à la bonne renommée qu'ont acquise les vins algériens, la vigne tend à se substituer aux céréales.

Nous passâmes notre après-midi à parcourir la ville et ses faubourgs, et je dois dire que cette excursion ne fit que confirmer l'excellente impression que j'avais éprouvée en descendant de voiture, alors que Sidi-bel-Abbès m'était apparue comme un bouquet de verdure.

Du centre de la ville où se coupent à angle droit les deux artères principales, on aperçoit à leurs extrémités, coïncidant avec les quatre points cardinaux, les quatre portes monumentales de la place, reliées entre elles par un mur d'enceinte continu. De vastes squares ombragés, notamment celui des Quinconces, où se fait entendre deux fois par semaine l'excellente musique de la légion étrangère; des boulevards et des jardins publics, achèvent de donner à cette sous-préfecture du département d'Oran un cachet de jeunesse et de fraîcheur.

Comme je faisais remarquer à mon père le développement que prennent déjà les agglomérations de constructions en dehors des murs d'enceinte, il me dit :

« Il paraît qu'on constate ici en moyenne chaque année quatre-vingts nouvelles maisons. Cela peut te donner une idée de la rapidité avec laquelle cette ville s'accroît. Cette prospérité inouïe est due à diverses causes : d'abord à un emplacement bien situé, puisqu'il est à une distance égale de toutes les autres localités importantes du département; ensuite à la bonne qualité des terres, bien arrosées par la Mékerra; enfin à la constitution de la propriété indigène, car, une fois possesseurs de leurs titres, les Arabes les vendent volontiers et cela permet aux colons d'arrondir leurs domaines et de se tailler des propriétés de plusieurs centaines d'hectares, comme on en voit autour de Sidi-bel-Abbès. »

CHAPITRE XXV

LETTRE DE MA MÈRE

« Mon cher enfant,

« Je te remercie de ta lettre et suis bien heureuse d'apprendre que ton petit voyage d'études s'effectue dans de bonnes conditions. Il me tarde vivement de le voir toucher à sa fin, et je t'assure que ce sera une vraie fête à la maison le jour où ton père et toi y reviendrez. En attendant, portez-vous bien tous deux, et qu'aucun accident ne vous arrive en route.

« Ton petit frère Georges a été malade ces jours-ci, mais rassure-toi, il est absolument hors de danger. Ce qui nous a alarmés, c'est que nous craignions le croup. Ce n'a pas été le croup, mais une angine dont notre excellent docteur a eu vite raison. Il a fallu toutefois que le pauvre petit prît des potions d'heure en heure et qu'on lui badigeonnât la gorge avec un pinceau, ce qui lui faisait pousser des cris terribles. Bref, il a repris maintenant son appétit et sa gaieté ordinaires, et il est redevenu aussi joueur et aussi tapageur qu'auparavant. Ce matin j'ai même été obligée de le gronder, parce qu'il voulait grimper dans « le narbre ». Tu sais que pour lui « le narbre » c'est l'arbre. En effet, puisqu'on dit « un narbre », il trouve naturel de prononcer « le narbre ». Pour la même raison, il dit « le nœuf » au lieu de « l'œuf » et « le nhomme » au lieu de « l'homme ». C'est à la fois logique et amusant.

« Depuis que vous êtes partis, si tu savais combien il a fait de progrès en géographie! Julia lui a montré sur la carte Oran, Arzew, Mascara, Saïda, Mécheria, et quand quelqu'un lui demande : Où est papa? Où est Louis? il va chercher la carte et met le doigt sur une de ces quatre localités en l'appelant par son nom.

« Julia me charge de te faire ses compliments sur la lettre que tu m'as écrite de Mascara. J'y joins les miens, car cette lettre me prouve que tu es observateur. Dernièrement je lisais un ouvrage de Dickens et j'ai été frappée de son opinion sur les enfants. Ils naissent avec l'esprit d'observation, dit-il en substance, et ceux qui, devenus grands, le possèdent à un haut degré, ce n'est pas parce qu'ils l'ont acquis, c'est parce qu'ils ne l'ont pas perdu. Eh bien, je constate avec plaisir que, non seulement tu observes bien, mais encore que tu réussis à bien classer tes impressions et à les présenter d'une façon attrayante. Après avoir lu ta lettre, il nous semble que nous avons nous-mêmes vu un petit coin de Mascara. C'est te dire que nous sommes satisfaits et que nous attendons avec impatience ce fameux carnet où tu consignes tes notes de voyage.

« Vous apprendrez par les journaux les horribles détails de la double exécution qui vient d'avoir lieu à Saint-Denis-du-Sig. A peine est-il nécessaire de te dire que je n'y ai pas assisté, ni ta sœur non plus; mais ton oncle Jean, qui en a été témoin, nous a raconté que cela avait été vraiment épouvantable. Il s'agissait, tu le sais, de deux assassins arabes. Pour le premier, la hideuse machine a bien fonctionné, mais pour le second — je frissonne en te l'écrivant — il a fallu que le bourreau affolé prît une scie ou un couteau pour achever son œuvre. Quand mon frère est rentré à la maison, il était tout pâle et c'est à peine s'il a pu manger de la journée.

« Je crois que cette épouvantable affaire aura un grand retentissement en France et que les adversaires de la peine de mort ne manqueront pas de s'en emparer pour faire adopter leur manière de voir. En tout cas, une grande émotion règne ici, et pour le quart d'heure on ne s'entretient guère d'autre chose que de l'affreuse scène dont je viens de te parler.

« Notre voisin le conseiller municipal et deux ou trois autres personnes à qui nous avons communiqué tes lettres me chargent de t'adresser leurs félicitations. Le conseiller surtout paraît s'intéresser vivement à toi. Il dit que tu feras ton chemin et qu'un jour peut-être nous pourrons être fiers de toi.

« Je n'ai pas besoin de te dire, mon cher enfant,

combien cette appréciation flatteuse me fait plaisir. Mais, pour que ta mère soit fière de toi, il n'est pas indispensable que tu arrives à une de ces positions qu'on est convenu d'appeler les meilleures, parce qu'elles sont les plus élevées. Non. Il suffit que tu ne cesses jamais d'aimer le travail, d'avoir bon cœur et de rester honnête. Si tu réunis constamment ces trois qualités, ta maman pourra toujours être fière de toi.

« Adieu, ou plutôt au-revoir, mon cher Louis. Encore une fois continuez, ton père et toi, à bien vous porter, et revenez-nous au plus tôt. Tels sont mes vœux et ceux de toute la famille.

« Nous vous embrassons du fond du cœur.

« Ta mère,

« HENRIETTE ***. »

CHAPITRE XXVI

D'ORAN A TLEMCEN

Nous sommes revenus de Sidi-bel-Abbès à Oran après avoir traversé en chemin de fer une dizaine de centres dont plusieurs ont des noms pittoresques, tels que *le Rocher*, *les Trembles*, *les Lauriers-Roses*, et dont le plus considérable est Sainte-Barbe-du-Tlélat, chef-lieu de canton où l'on vient d'installer un chantier d'alfa. Et maintenant nous voilà en route pour Tlemcen. Qu'il me tarde de voir cette vieille capitale de royaumes disparus !

Un ami de mon père a tenu à nous conduire dans sa voiture jusqu'à Misserghin, et c'est par un temps splendide que nous sortons d'Oran, laissant à notre gauche de nombreuses fermes éparpillées dans la campagne, au milieu de plantations d'oliviers.

Au bout de quelques instants, un coin de la sebkha ou grand lac salé d'Oran nous apparaît comme un miroir entre les collines recouvertes de broussailles. Au fond, derrière la sebkha, se détachent nettement les sommets bleuâtres du djebel

Tessala. Aux environs de Misserghin nous rencontrons un groupe de jeunes filles en promenade. Elles appartiennent à l'orphelinat de ce joli village. Je ne peux m'empêcher de les plaindre en pensant qu'elles sont privées des joies et des caresses de la famille.

Nous entrons dans Misserghin par une rue plantée de faux poivriers et sur laquelle de braves colons endimanchés jouent aux boules. Je suis émerveillé à la vue des grands arbres de toute sorte qui forment un épais massif de verdure au-dessus duquel s'élancent jusque dans les nues les cimes sveltes des pins.

« Avant la conquête, nous dit l'ami de mon père, les beys d'Oran avaient ici une habitation de plaisance, ombragée, embaumée et pour ainsi dire blottie au milieu des orangers, des citronniers et des grenadiers. »

Nous visitons la pépinière, où il y a de splendides allées de mûriers, de figuiers, de thuyas. Des caroubiers aux gousses succulentes y ombragent des champs de mandariniers chargés de leurs fruits d'or qui me font songer au fameux jardin des Hespérides dont on m'a parlé à l'école.

Un cours d'eau sillonne la propriété et donne à ces cultures modèles la fraîcheur nécessaire à leur développement.

Au moment de nous retirer, on nous invite à goûter une liqueur appelée mandarine et fabriquée avec l'écorce du fruit du même nom. Nous la trouvons délicieuse et nous sortons enthousiasmés d'un établissement qui offre le plus sérieux intérêt au point de vue du reboisement de la province d'Oran.

Après cela nous allons voir, dans un vallon trop resserré, le parc à autruches le plus considérable de l'Algérie. Ce parc a été créé par un ancien militaire, le capitaine Créput. C'est quelque chose de vraiment curieux que ces énormes bipèdes. Je fus surtout frappé de leur long cou, de leur petite tête et de leurs grands yeux.

« Comment peut-on arriver à prendre de tels oiseaux? demandai-je.

— Ce n'est pas facile, répondit M. Créput, car l'autruche court très vite. Mais, comme sa course s'effectue généralement en ligne droite, voici comment on procède. Plusieurs cavaliers se portent à des intervalles d'une lieue environ sur l'espace qu'elle doit parcourir, et chacun la poursuit à son tour, de façon qu'elle ne puisse avoir aucun répit. En agissant ainsi, on parvient nécessairement à la fatiguer; mais la victoire n'est pas sans danger, car l'autruche, en tombant, agite ses ailes et inspire au cheval une terreur qui peut être fatale au cavalier. »

De Misserghin, le chemin de fer nous conduit jusqu'à Aïn-Temouchent. La voie suit, à une faible distance, la rive septentrionale de la sebkha.

« Une sebkha, me dit mon père, est une terre que les eaux couvrent, puis découvrent, en y abandonnant une légère couche de cristaux de sel produite par l'évaporation des eaux salées et celle des eaux pluviales, qui font remonter, par capillarité, le sel dont le sol est saturé.

Une autruche.

— Ne pourrait-on pas, lui demandai-je, dessécher celle-ci, qui paraît si peu profonde?

— Parfaitement, me répondit-il, et on le fera peut-être un jour par le creusement d'un canal qui rejettera les eaux de la sebkha dans le rio Salado ou la rivière Salée, que nous traverserons tout à l'heure. On rendrait ainsi à la culture une plaine qui ne compte pas moins de 32 000 hectares.

Après avoir passé par Brédéa, qui envoie ses eaux à Oran; par Bou-Tlélis, peuplé en grande partie d'Alsaciens; par Lourmel, qui porte le nom d'un général tué à Sébastopol, nous franchissons, en effet, le rio Salado sur un pont métallique, et une bonne heure après nous entrons dans Aïn-Temouchent, chef-lieu de canton qui se dresse au bord d'une falaise à 250 mètres d'altitude et à 72 kilomètres d'Oran.

« Cette petite ville, me dit mon père, est l'ancienne *Timici* des Romains. Elle progresse à vue d'œil, et les cultures qui l'entourent prennent chaque année une importance plus considérable. Elle est aussi le centre d'un pays très riche en gisements de minerai. Son sol est le plus fécond de la province et sa population compte aujourd'hui plus de cinq mille habitants. »

A Aïn-Temouchent, force nous est de prendre la diligence, puisque le chemin de fer, si impatiemment attendu par les Tlemcéniens, n'est pas encore construit.

Je note au passage les principaux villages situés sur la route : Aïn-Kial, Aïn-Tekbalet, Pont de l'Isser, Négrier, Saf-Saf.

« A Aïn-Tekbalet, me dit mon père, on exploite une carrière d'onyx translucide. On a pu en tirer des blocs superbes de plusieurs mètres de longueur. Jadis les Romains en faisaient des statues pour leurs temples, et les sultans de Tlemcen des colonnes, des vasques et des dalles pour leurs mosquées et leurs palais. Il existe un bel escalier de ce marbre dans le nouvel hôtel de ville d'Oran. »

Mais nous voici arrivés au plateau qui domine l'oued Isser et d'où l'on a une vue magnifique. Quel imposant spectacle, en effet, que ces maisons blanches, ces hautes tours, ces ruines aperçues à travers l'atmosphère transparente et qui paraissent comme perdues au milieu d'une végétation vigoureuse! Je salue l'antique reine du Moghreb, la ville aux mille sources, la Grenade africaine, la première cité de l'Algérie par les souvenirs de son histoire. Je la reconnais à ses blancs minarets, à sa couronne de créneaux, à son immense et gracieuse ceinture de verdure.

CHAPITRE XXVII

TLEMCEN

A mesure qu'on approche de Tlemcen, bâtie sur une terrasse d'une altitude de huit cents mètres, au pied des rochers presque à pic de Lalla-Setti, l'air devient plus vif, l'eau plus abondante, la végétation plus vigoureuse.

Des cultures maraîchères, de grands vergers où abondent les figuiers, les noyers, les cerisiers, les amandiers et surtout d'admirables oliviers, font des environs de l'ancienne capitale du Moghreb central une des plus belles campagnes du monde.

Plus vous avancez, plus cette masse de verdure semble grandir; bientôt même elle vous cache les maisons, les murs, les tours, à tel point qu'on n'aperçoit plus guère que le minaret de la grande mosquée, lequel, comme les clochers des cathédrales gothiques et les beffrois des hôtels de ville du nord de la France, a l'air d'une sentinelle géante veillant sur la ville.

Ville véritablement féerique! On dirait que la na-

Oliviers près de Tlemcen.

ture a voulu y réunir toutes ses faveurs et toutes ses séductions. « Le paradis de l'éternité, ô Tlemcéniens, dit un poète arabe, ne se trouve que dans votre patrie, et, s'il m'était donné de choisir, je n'en voudrais pas d'autre que Tlemcen. »

Tlemcen n'est pas simplement le siège d'une sous-préfecture et d'une subdivision militaire, mais encore une des plus belles cités de l'Algérie, la première par sa richesse en monuments anciens de différentes époques et par la splendeur de sa végétation, qui semble être éclose d'un coup de baguette magique.

« Il faudrait, me dit mon père, avoir plus d'érudition que je n'en ai pour entreprendre de te raconter l'histoire de Tlemcen, que les Arabes appellent Bab-el-Gharb, c'est-à-dire la Porte du Couchant. Au temps de la domination romaine, alors qu'elle s'appelait Pomaria, elle était située au sud-est de la cité actuelle, à l'endroit où se dresse encore aujourd'hui le minaret d'Agadir parmi des ruines à demi ensevelies sous des plantations de toute sorte. De nombreuses inscriptions, trouvées aux environs de ce minaret, attestent que les persécutions de l'empire romain y avaient refoulé une population considérable de chrétiens.

« C'est en 1080 de notre ère qu'une seconde ville, nommée Tagrart, s'éleva à côté d'Agadir sur l'emplacement occupé maintenant par Tlemcen. Or, pendant que Tagrart prospérait, s'étendait, reculait ses murs, Agadir, bâtie sur les ruines de Pomaria, dépérissait, se dépeuplait de plus en plus et finissait par disparaître, comme jadis Babylone et Ninive. Il ne reste plus aujourd'hui de Pomaria et d'Agadir que des débris et une tour d'environ 40 mètres de haut, construite en partie avec des pierres tumulaires provenant des Romains.

« Tagrart, devenue Tlemcen, fut gouvernée successivement par plusieurs dynasties de rois, et, après maintes péripéties, elle atteignit, au xve siècle, son plus haut degré de prospérité. D'après des historiens dignes de foi, sa population était alors de cent vingt-cinq mille habitants, c'est-à-dire qu'elle était quatre ou cinq fois plus considérable que celle d'aujourd'hui. Par son industrie, par son commerce avec les Vénitiens et les Génois, par l'importance de ses monuments publics, par la culture des arts, des sciences et des lettres, Tlemcen pouvait, à cette époque, soutenir la comparaison avec les autres villes les mieux policées et les plus civilisées du monde. Les savants y étaient accueillis avec faveur et distinction. On cite même l'exemple d'un de ses rois qui, à l'instar de Charlemagne, visitait les écoles et encourageait de ses exhortations et de son exemple les étudiants qui les fréquentaient.

« Et les femmes de l'ancienne Tlemcen? Je m'en voudrais de les oublier. L'historien Ibn-Khaldoun, qui professa longtemps à Tlemcen et qui a écrit l'*Histoire des Berbères*, raconte une scène vraiment émouvante qui se passa dans le Mechouar ou palais des rois au xive siècle. Depuis plus de huit ans, un émir du Maroc bloquait Tlemcen. Pour la faire capituler, il avait construit près d'elle et contre elle une ville forte, Mansoura, dont tu pourras encore voir l'enceinte. Réduits par la famine, les assiégés étaient sur le point d'ouvrir leurs portes.

« Le sultan de Tlemcen et son frère, retirés dans un coin du Mechouar, s'entretenaient de leur situation désespérée, lorsqu'une esclave vint leur dire que toutes les dames ou demoiselles de la cour l'avaient chargée d'un message conçu en ces termes :

« Vous êtes réduits aux abois, l'ennemi s'apprête « à vous dévorer; encore quelques instants de répit, « et vous allez succomber. Donc, épargnez-nous la « honte de la captivité; ménagez en nous votre pro- « pre honneur, et envoyez-nous à la mort. Vivre dans « la dégradation serait un tourment horrible; vous « survivre serait pire que le trépas. »

« C'étaient là, mon cher Louis, de nobles et stoïques paroles, des sentiments qui ne peuvent inspirer que du respect et de l'admiration. »

Je m'empressai de noter sur mon carnet tout ce que venait de me dire mon père; puis, de l'*Hôtel de France*, où nous étions descendus, nous allâmes, place des Victoires, rendre visite à un ami de la famille, lequel, en Tlemcénien amoureux de sa ville, nous offrit de nous piloter intra et extra muros.

« A une condition, ajouta-t-il, c'est que vous allez déjeuner avec nous. Vous vous trouverez d'ailleurs en compagnie d'une de nos compatriotes et amies, inspectrice des écoles maternelles et auteur d'un petit travail sur Tlemcen. »

Tlemcen

Nous nous mîmes à table et nous fîmes connaissance avec la personne dont notre hôte venait de nous parler.

« Ah! vous faites un voyage d'études dans le département, me dit-elle; c'est bien, cela! On ne saurait trop connaître son pays natal, surtout quand ce pays est aussi intéressant que notre chère Algérie.

— Madame, lui répondis-je, vous avez raison. L'Algérie est une belle contrée, mais rien de ce que j'y ai vu jusqu'à présent n'est aussi grandiose que les ruines de Tlemcen. Dites-moi donc, je vous prie, comment la glorieuse cité berbère a pu tomber ainsi en décadence.

— Il a fallu de longs siècles, me dit-elle, pour réduire aux quelques vestiges qui subsistent encore un empire qui s'est étendu depuis Nemours jusqu'à Bougie. Les luttes intestines l'avaient déjà bien affaibli, mais la richesse de son sol lui permettait quand même un commerce important au delà des mers. C'était à l'époque où l'Espagne florissante faisait payer un tribut aux indigènes de ce pays. Les Espagnols, déjà maîtres d'Oran, empêchèrent les communications entre Tlemcen et le littoral. Le commerce de Tlemcen en reçut un coup mortel, et, devenue la vassale des Espagnols, cette ville tomba en 1553 au pouvoir des Turcs, qui l'achevèrent. La plupart de ses habitants, las de la tyrannie ottomane, émigrèrent au Maroc et s'y établirent pour toujours. »

Je remerciai mon aimable interlocutrice en la

priant de vouloir bien m'apprendre encore comment Tlemcen est devenue française.

« Très volontiers, fit-elle. Ce fut en 1836 que les troupes françaises, commandées par le maréchal Clauzel, se présentèrent devant Tlemcen, qui leur ouvrit ses portes le 12 janvier. Ce n'était plus alors qu'une petite ville délabrée que se disputaient une garnison de Koulouglis et les soldats de l'empereur du Maroc.

« Le maréchal Clauzel frappa d'un impôt les habitants, et partit en laïssant dans le Mechouar le capitaine Cavaignac, avec un bataillon. Ce que cette petite garnison eut à souffrir est inouï. Privée de toute communication avec l'extérieur, elle dut, pendant quelque temps, ne manger que des demi-rations d'orge.

« L'année suivante, le traité de la Tafna rendit Tlemcen à Abd-el-Kader, qui en fit sa capitale et chercha vainement à rétablir à son profit l'empire des anciens émirs. Enfin, le 30 janvier 1842, Tlemcen fut définitivement conquise par la France.

« Depuis cette époque, ajouta l'inspectrice, l'élément français se substitue peu à peu à l'élément indigène; les derniers rayons de l'antique splendeur de Tlemcen s'effacent devant la lumière d'une civilisation nouvelle; en même temps ses vieux monuments s'écroulent pour faire place aux constructions plus commodes de notre architecture moderne. En un mot, Tlemcen se relève aujourd'hui de ses ruines et nous promet un avenir digne de son passé. »

On continua à causer de choses et autres avec beaucoup de gaieté et de cordialité. J'étais charmé d'être en aussi bonne compagnie et j'en exprimai toute ma satisfaction en buvant à la santé de nos hôtes et à la prospérité de la nouvelle Tlemcen.

CHAPITRE XXVIII

A TRAVERS TLEMCEN

L'après-midi, en compagnie de l'ami de mon père, nous visitâmes l'intérieur de la ville. L'avenue du Mechouar, que nous avions déjà vue en arrivant, est splendide. Il y a là des peupliers blancs, des acacias, des platanes, des micocouliers formant un rideau vert si épais en été que jamais les rayons du soleil ne parviennent à le percer. C'est là que les jolies Tlemcéniennes se réunissent les jours de musique militaire. Du Mechouar, qui était jadis un palais merveilleux où les rois de Tlemcen convoquaient leurs ministres pour délibérer sur les affaires publiques, il ne reste plus aujourd'hui qu'une mosquée et deux tours crénelées enclavées dans de récentes constructions militaires.

« Regardez ces ruines, nous dit notre guide ; c'est là que le brave capitaine Cavaignac, n'ayant presque plus ni vivres ni munitions, sut quand même résister aux milliers d'ennemis qui l'investissaient de toutes parts ; et sous les voûtes de cette mosquée, qui sert maintenant de magasin, a retenti la voix d'Abd-el-Kader prêchant la guerre sainte. Vous voyez que Tlemcen a raison d'être fière de son Mechouar. »

En continuant notre promenade, je pus remarquer que les habitations sont, dans beaucoup d'endroits, reconstruites à l'européenne. Toutefois, celles des particuliers ont rarement plus d'un étage, et, en fait de monuments importants provenant des temps berbères, il n'y a plus guère que les mosquées. Quelques-unes ont conservé leurs beaux minarets, décorés de mosaïques, de peintures et de faïences vernissées.

Les costumes les plus variés au point de vue de la forme et des couleurs se croisent dans les rues et sur les places. Voici des burnous blancs et gris, des nègres aux jambes noires et luisantes, des Mauresques voilées au point de ne laisser apercevoir qu'un œil aux passants, des Juifs au nez busqué, aux yeux noirs et vifs, et qui ont gardé de l'oppression dans laquelle ils ont vécu autrefois je ne sais quelle allure craintive; des filles d'Israël portant sur leur tête une planche garnie de galettes; des cavaliers marocains coiffés d'immenses chapeaux. Et pêle-mêle, parmi tout ce monde indigène, sous les rayons éclatants d'un soleil superbe, des travailleurs espagnols reconnaissables à leur sombrero et à la large ceinture qui leur serre les reins; des Français en paletot ou en blouse, et des militaires de tous grades en uniforme.

Certaines rues de Tlemcen présentent un caractère extrêmement pittoresque. Celle de Mascara, par exemple, est occupée par les marchands d'étoffes, de tapis, de couvertures. Le moindre magasin s'y loue fort cher, car c'est là qu'on vient s'approvisionner de l'intérieur.

Nous entrâmes dans une boutique où l'ami de ma famille voulut à toute force acheter une djellaba pour mon frère.

« Les froids vont venir, dit-il, et il n'y a rien qui préserve mieux du froid que ce vêtement muni d'un capuchon qu'on peut à volonté rabattre sur la tête. »

Nous rîmes beaucoup à la pensée de voir notre cher petit Georges affublé de ce costume musulman.

Au bout de la rue de Mascara sont les échoppes des cordonniers indigènes. Ces derniers travaillent gravement, et c'est à peine s'ils se retournent un instant pour nous regarder. Ils sont entourés de piles de babouches plus ou moins gracieuses et ne cessent d'en confectionner de nouvelles, ces chaussures étant d'un débit considérable à Tlemcen.

« Vous me permettrez, dit notre excellent compagnon, de vous faire encore un petit cadeau. » Et choisissant une des plus mignonnes paires de babouches de la boutique :

« Ce sera, ajouta-t-il, pour Mlle Julia. Vous me ferez le plaisir de lui faire accepter ce petit souvenir de la part d'un vieux Tlemcénien. »

Nous allâmes ensuite visiter un café maure. Le kaouadji est encore une originalité locale : grave, mélancolique même, il sert, sans jamais s'émouvoir, les nombreux clients qui l'entourent. De sa cafetière fumante sort un café parfumé, sans cesse renouvelé, au point qu'on peut se demander si ce n'est pas d'un filtre magique, inépuisable, que coule la liqueur chère aux disciples de Mahomet. Les consommateurs sont étendus sur des bancs le long des murs ou accroupis sur des nattes. Les uns jouent aux dames; les autres, leur tasse à la main, écoutent attentivement quelques chanteurs ambulants nasillant d'une voix monotone d'interminables complaintes, en s'accompagnant de la guitare ou du tambourin.

« Il existe à Tlemcen, nous dit notre guide, deux races de musulmans bien différentes : ceux qui sont nés de pères turcs et de mères arabes, et ceux qui descendent de familles exclusivement arabes. Les premiers nous sont attachés, cultivent nos jardins, exercent les métiers d'épiciers et de bouchers, et parlent généralement la langue française. On les appelle Koulouglis, et, en maintes circonstances, ils nous ont donné des preuves de dévouement. Les autres sont moins travailleurs et, par suite, plus pauvres. Ils habitent des réduits en pisé et vivent dans les conditions les plus misérables.

« Ils mènent une existence contemplative et nonchalante, passent la journée dans ces cafés maures, et tout leur être semble se résumer dans une inertie qui est la conséquence du fanatisme de leur race. »

Après avoir visité les mosquées, qui sont, je le répète, les plus beaux édifices de Tlemcen, nous allâmes voir le musée, qui occupe, à l'hôtel de ville, une magnifique salle servant à l'occasion pour les bals et les concerts. Ce musée contient des inscriptions, des fragments d'architecture, malheureusement dispersés et un peu négligés, qui rappellent des dates historiques ou des souvenirs dignes de l'attention du voyageur. On y remarque, entre autres, l'épitaphe du tombeau de Boabdil, le dernier roi de Grenade, mort à Tlemcen. Cette épitaphe a été retrouvée incidemment. Prise pour une pierre vulgaire, on en avait fait le seuil d'une maison israélite.

Une bibliothèque importante et savamment constituée renferme de nombreux chefs-d'œuvre de l'esprit humain, qui sont mis gratuitement à la disposition du public.

Le soir, nous fûmes reçus, grâce à notre ami, dans la famille d'un riche israélite de la ville. Je dois noter en passant que les israélites prospèrent à Tlemcen, et que les maisons européennes qu'on y a construites sont en grande partie leur propriété. La banque et le commerce, telles sont leurs principales aptitudes. Ils réussissent aussi comme commis, clercs d'avoués, d'huissiers, etc. Bref, ce sont des gaillards qui font leur chemin et qui s'entendent dans l'art de se créer des rentes.

Mais revenons à celui de leurs coreligionnaires qui voulut bien nous donner l'hospitalité pour quelques instants. Il n'a pas moins de onze enfants, qui allaient et venaient, l'un portant l'autre, dans la cour, ornée d'une fontaine. La mère, forte femme encore fraîche, portait le gilet de velours, le cafetan et le foulard brodés d'or; mais ses filles étaient plus ou moins habillées à la française. Quant aux garçons, ils n'avaient, en fait de vêtements européens, que la chemise repassée et la casquette. Cette dernière jurait singulièrement avec leur pantalon bouffant et leur drap soutaché.

Nous sommes rentrés à l'hôtel après avoir pris le café dans cette famille, où l'on nous fit de la musique, si toutefois on peut donner ce nom aux mélodies bizarres exécutées en notre honneur.

CHAPITRE XXIX

LES ENVIRONS DE TLEMCEN

« Ma chère Julia,

« Avant de partir pour Nemours, d'où nous devons revenir à Oran par mer, je t'envoie une boîte contenant une paire de babouches pour toi et une djellaba pour notre petit frère Georges. C'est notre ami de Tlemcen, chez qui nous avons passé quelques bons moments, qui vous les offre à titre de souvenir.

« Quel plaisir j'ai éprouvé à visiter, en compagnie de ce brave et digne homme, l'ancienne capitale d'Abd-el-Kader! Du haut de ses promenades et de ses minarets se déroule le splendide spectacle de ruines gigantesques mêlées à une véritable forêt d'oliviers. Là sont quelques-unes des plus admirables mosquées et quelques-uns des plus imposants débris du moyen âge musulman.

« Mais tu liras dans mon carnet les pages que j'ai consacrées à la ville proprement dite. Dans cette lettre, je veux me borner à te parler de ses environs, que nous avons parcourus hier par une température agréable et un soleil magnifique.

« Nous sommes sortis de bon matin par la porte de Fez, laissant à notre gauche une des plus vastes casernes que j'aie vues dans mon voyage.

« Au pied même des murailles, entre la porte de Fez et celle d'Oran, s'étend un vaste bassin ayant 220 mètres de longueur, 150 de largeur et 3 de profondeur. Je t'entends d'ici t'écrier : « Quelle énorme quantité d'eau doit contenir ce bassin ! » Eh « bien, ma bonne Julia, la vérité est qu'il n'en renferme pas une goutte, car le Sahridj — c'est ainsi qu'on le nomme — ressemble au tonneau des Danaïdes, en ce sens qu'il y a quelque part une fuite par laquelle ses eaux se perdent, fuite que, dit-on, on ne peut réussir à découvrir.

« Lors de notre passage, les soldats s'en servaient purement et simplement comme champ de manœuvres et les élèves clairons y faisaient résonner tous les échos d'alentour de leurs notes plus ou moins discordantes.

« Nous continuâmes notre promenade à travers de vigoureuses plantations, et bientôt nous touchâmes à l'enceinte de Mansoura.

« Mes notes t'apprendront comment s'éleva jadis cette populeuse cité, dont il ne reste plus aujourd'hui que des ruines et un joli village français. Les ruines consistent principalement en une vieille enceinte en pisé qui ne compte pas moins de 4 kilomètres de tour, et en un minaret superbe à demi écroulé.

« J'ai grimpé dans ce minaret, qui a 40 mètres

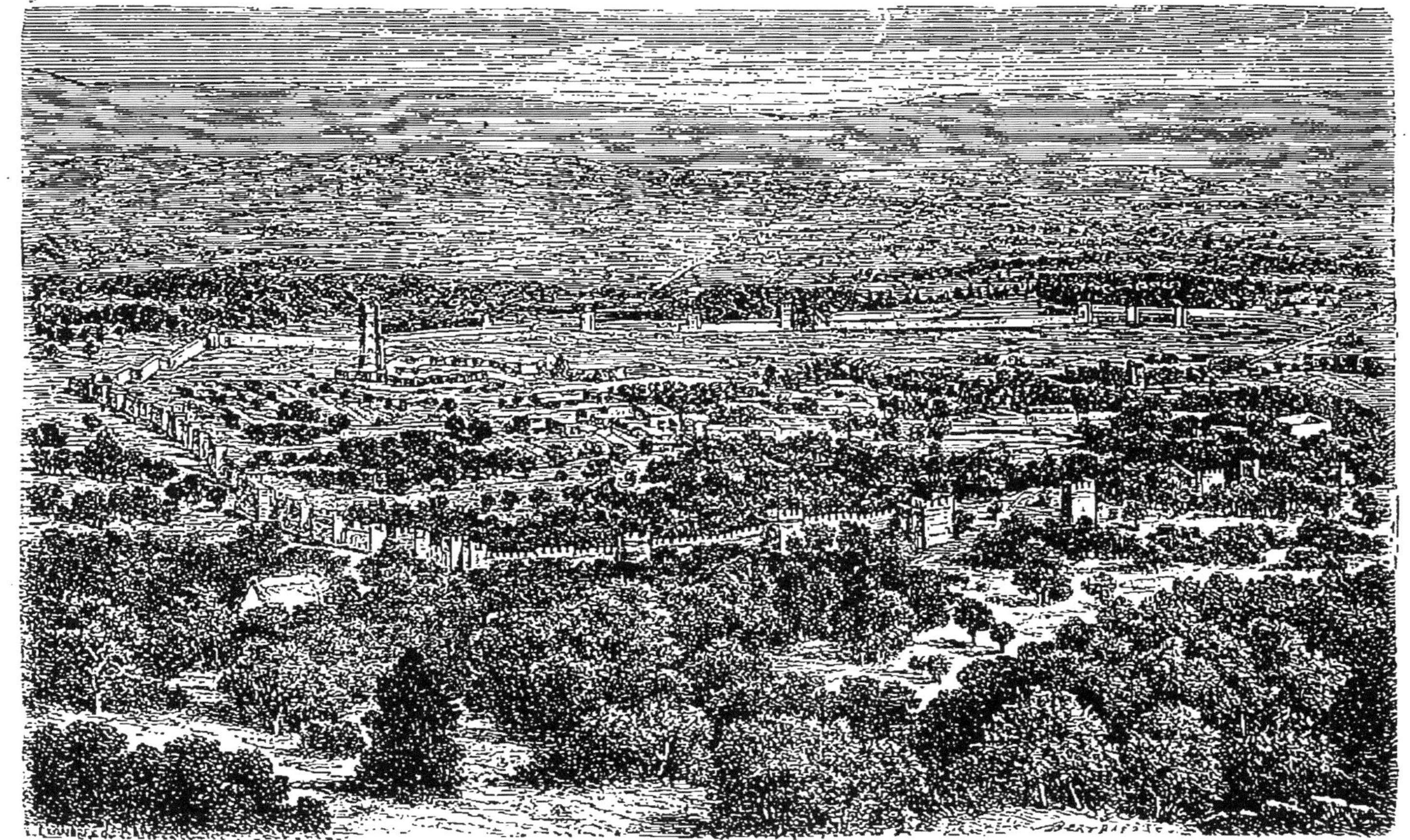

Mansoura.

de haut et d'où l'on aperçoit les anciens murs, reliés de distance en distance par des tours à créneaux.

« Chose particulière et étrange, ces tours sont dépourvues de portes. C'étaient, paraît-il, des espèces de magasins à vivres dans lesquels on montait et descendait par des échelles ou des cordes.

« Mais ce qu'il y a de plus imposant, c'est sans contredit le minaret. Il fut, d'après la légende, construit moitié par des ouvriers arabes, moitié par des ouvriers chrétiens ou juifs. Les musulmans croient que le côté actuellement détruit est celui qui fut bâti par ceux qu'ils qualifient de mécréants. On a transporté au musée de Tlemcen les colonnes d'onyx de la mosquée à laquelle appartenait ce minaret.

« Le village français de Mansoura, qui, au bout de cinq cents ans, a succédé à la ville disparue, est à 3 kilomètres de Tlemcen. Appuyé aux antiques murailles et assis au milieu de la verdure, il ressemble à un nid caché dans le feuillage.

« Nous rentrâmes à Tlemcen par la porte des Carrières et nous déjeunâmes à l'*Hôtel de France* avec notre ami, que mon père avait invité. Puis nous nous remîmes en campagne. Cette fois, nous nous dirigeons vers El-Eubbad, pittoresque village arabe que nous avions déjà aperçu lors de notre arrivée à Tlemcen. Ce village s'appelle aussi Sidi-bou-Médine, du nom d'un savant maure andalou qui vivait au XIIe siècle et qui professa successivement à Bagdad,

Sidi-bou-Médine.

à Séville, à Cordoue et à Bougie. On raconte que, mandé à Tlemcen par le sultan qui y régnait alors, ce marabout ne put s'empêcher de s'écrier en montrant El-Eubbad : « Combien ce lieu est propice pour « y dormir en paix l'éternel sommeil ! » La légende affirme que le saint mourut quelques kilomètres plus loin, en demandant que sa dépouille mortelle fût transportée dans ce site délicieux qu'il avait entrevu. C'est en effet là que reposent les restes de ce grand personnage religieux, dans une koubba située au point culminant du village.

« Pour nous y rendre, nous longeons un cimetière arabe fourmillant de petites pierres tumulaires et où nous apercevons quelques femmes qui, en signe de deuil, s'arrachent les cheveux et se griffent le visage en poussant des cris lamentables. Çà et là quelques blanches koubbas à demi écroulées reflètent vivement les rayons du soleil africain. L'une d'elles, considérée comme sacrée, est le lieu de rendez-vous des musulmans désignés pour aller à la Mecque. A un moment donné de la prière, les futurs pèlerins marchent, à tour de rôle et les yeux fermés, jusqu'à la fenêtre orientale de la koubba. Celui dont la main droite rencontre juste la fenêtre doit partir au plus tôt.

« Enfin nous voilà à El-Eubbad. On y arrive par un chemin profondément encaissé sur les talus duquel croissent des figuiers poudreux. Les rues y sont tortueuses et parsemées de cailloux roulants ; les maisons, basses et misérables ; les habitants, dégue-

Le marteau de la mosquée de Sidi-bou-Médine.

nillés ou malpropres. Mais quel cadre admirable autour de nous!

« D'abord, c'est la montagne aux flancs de laquelle le village semble suspendu, puis les jardins étagés en amphithéâtre et regorgeant d'oliviers, de figuiers, de grenadiers qu'enlacent les vignes vierges et le lierre sauvage; puis l'ombre et la fraîcheur données par ces massifs de verdure et les cours d'eau qui les arrosent! Tout cela fait de Sidi-bou-Médine un site véritablement enchanteur.

« Mais, pour moi, ce que j'ai surtout hâte de voir, c'est la mosquée, célèbre à vingt lieues à la ronde. Nous examinons le lourd marteau de la porte extérieure, et la porte elle-même, doublée de lames de cuivre. La légende raconte que cette porte, fabriquée au temps de la domination musulmane en Espagne, fut jetée à la mer et vint échouer au port de Rachgoun.

« Nous pénétrons ensuite dans la cour, qui est pavée en carreaux de faïence et au milieu de laquelle est une vasque en marbre onyx d'Aïn-Tekbalet, où les musulmans font leurs ablutions. L'intérieur, nu comme celui de toutes les mosquées, se recommande par l'élégance de ses quatre rangées d'arcades. Le mihrab, découpé à jour et dont l'arcade repose sur deux colonnes en onyx, est un travail d'une délicatesse infinie. On appelle mihrab une espèce de niche pratiquée dans le fond de la mosquée et où l'iman (le prêtre) se place pour faire la prière. « Ce « mihrab, nous dit notre ami, rappelle les chefs-

« d'œuvre de l'Alhambra de Grenade et des mos-
« quées du Caire. » Je ne puis me lasser de regarder et d'admirer.

« A gauche de la mosquée s'élève la koubba, à l'entrée de laquelle est un puits dont la margelle en marbre est profondément entaillée par le frottement de la chaîne qui sert à puiser l'eau. J'ai voulu boire de cette eau et l'ai trouvée excellente. Pour les musulmans, elle est plus qu'excellente, elle est sacrée.

« Le tombeau est un petit caveau où n'arrive que peu de lumière par des vitraux de couleur. Un épais tapis y recouvre le sol. Une lampe, des œufs d'autruche, des cierges, des lustres, des miroirs, des drapeaux décorent les murs. Sous le dôme, dans une châsse richement sculptée et revêtue d'étoffes de soie, repose le corps du saint musulman. Près de lui repose aussi le corps de l'agha Mohammed-ben-Abd-Allah, assassiné par Doineau sur la route de Tlemcen à Oran, dans la nuit du 11 au 12 septembre 1856.

« Nous sommes montés au sommet du minaret de la mosquée, d'où l'on jouit d'une vue grandiose. On y a sous les yeux l'ancienne et la nouvelle Tlemcen, Mansoura, Hennaya, Aïn-Tellout, Négrier, Saf-Saf et la vallée de la Tafna.

« Voisine de la mosquée était la medersa, ou collège destiné aux hautes études musulmanes. Elle recevait jadis de nombreux tolbas ou étudiants. Aujourd'hui, les cellules en sont délabrées, les toitures effondrées, la cour déserte, et un voile de mélancolie semble envelopper ce monument à peu près unique en son genre.

« Nous terminâmes notre journée par une visite aux cascades d'El-Ourit, renommées par leurs cerises et où la population de Tlemcen a l'habitude de se rendre en foule le lundi de Pâques. Les mots me manquent pour t'exprimer ce que j'ai ressenti à la vue de ce cirque de rochers, rempli d'une épaisse verdure à travers laquelle des nappes d'eau tombent doucement. Grossies par les pluies de l'hiver, ces nappes d'eau se transforment en torrents effrayants et sublimes.

« Nous aurions bien voulu pousser jusqu'aux grottes des Hal-el-Oued, mais il se faisait tard et nous dûmes y renoncer.

« Ces grottes, nous dit notre ami, sont très belles « et contiennent des salles grandes comme des cathé- « drales ; mais, pour y pénétrer, il faut les éclairer, et « c'est une grosse affaire. La fumée des torches, ne « trouvant pas d'issue, ne tarde pas à aveugler les « visiteurs, qui ne peuvent jamais admirer qu'à demi « la merveilleuse et fantastique architecture de ces « monuments naturels. On prétend qu'on n'en a « jamais touché le fond et que des galeries les met- « tent en communication avec d'autres grottes du « voisinage de Sebdou. »

« Telle a été, ma chère sœur, notre excursion d'hier. J'ai voulu t'en faire part avant notre retour à la maison, afin de te prouver que je ne t'oublie pas. Je me réjouis à la pensée que dans quelques jours

Cascades d'El-Ourit.

nous serons tous réunis. Je te fournirai alors de plus amples détails. Pour aujourd'hui, je n'ai plus qu'une chose à te dire : c'est que je t'aime toujours de tout mon cœur et que je t'embrasse bien fort, ainsi que toute la famille.

« Ton frère très dévoué,

« LOUIS. »

CHAPITRE XXX

DE TLEMCEN A LALLA-MARNIA

Nous partîmes de bon matin. Jusqu'à Hennaya, charmant village situé à une dizaine de kilomètres de Tlemcen, il y a de l'eau, de la verdure, de grands arbres qui égayent le paysage. De plus, la route est relativement bonne, mais il ne va pas en être longtemps ainsi.

Hennaya compte environ quinze cents habitants. Les rues y sont larges et ombragées, les eaux limpides et abondantes. De beaux et nombreux oliviers y donnent une huile renommée; la vigne, dont le périmètre s'accroît tous les jours, y est en pleine prospérité, et les mûriers y permettent l'élevage des vers à soie.

Après un court arrêt à la poste, arrêt pendant lequel les voyageurs prennent un verre en causant des céréales, du vin, de l'huile, la voiture se met à rouler au bruit des grelots et des claquements de fouet du postillon. On tourne à gauche et bientôt on franchit l'oued Hennaya sur un petit pont où finit la partie régulière et empierrée du chemin.

On est ensuite terriblement cahoté sur une route étroite, rocailleuse et tortueuse, qui date des premiers temps de la conquête. Des descentes vertigineuses projettent les voyageurs du fond de la voiture sur les banquettes de devant ; il faut passer des oueds à gué et gravir à pied les pentes opposées, car c'est en vain que le postillon quitte son siège, crie, frappe, tempête, les chevaux ne peuvent plus avancer.

Nous traversons ainsi l'oued Bou-Messaoud et l'oued Zitoun, puis nous arrivons au relais vers midi.

Nous avons parcouru 25 kilomètres, et c'est l'heure de déjeuner. Nous nous mettons à table sous une tonnelle en branchages, couverte de lauriers-roses. C'est la salle à manger. Une table boiteuse et deux bancs de bois fixés au sol en composent le mobilier. L'hôtesse nous sert, dans une assiette creuse enluminée de fleurs bizarres, un poulet au riz auquel notre estomac, creusé depuis trois heures par une gymnastique échevelée, fait le plus grand honneur.

A l'une des parois de la baraque est suspendue une cage dans laquelle sautille un mignon petit chardonneret. Au-dessus de la cage est une clochette taillée dans un morceau de bois avec cette inscription :

A la cloche de Vérone.
On fait crédit quand elle sonne.

Le café pris, nous croyons pouvoir remonter en voiture, mais on nous prévient charitablement qu'il faut escalader à pied le plateau voisin, qui est dénudé, pierreux et brûlant.

Nous continuons à franchir des oueds plus ou moins encaissés, parmi lesquels l'oued Sidi-Lhassen et l'oued El-Bridj, appelé ravin des voleurs par les Européens.

Ces oueds sont des affluents de la rive droite de la Tafna. Ils sont à sec pendant l'été et torrentueux pendant l'hiver.

Le pays est désert et morne ; pas de maisons, pas de douars, pas d'arbres. A peine quelques troupeaux de moutons ou de chameaux broutant les restes d'une herbe calcinée.

Enfin vers trois heures de l'après-midi, nous sentons un peu de fraîcheur ; nous entrons dans la vallée de la Tafna.

« Cette rivière, me dit mon père pendant que nous la traversions en voiture, a donné son nom à un traité fameux conclu en 1837 entre le général Bugeaud et Abd-el-Kader.

« C'était après l'échec du maréchal Clauzel à Constantine. Les forces, le courage, les espérances de l'émir s'en étaient accrus. Le gouverneur Damrémont, successeur de Clauzel, comprit qu'il était urgent d'agir de ce côté. Or qui mieux que Bugeaud pouvait être chargé de cette mission ? N'était-ce pas lui qui avait remporté la victoire de la Sikka ? N'était-ce pas lui qui avait réussi à ravitailler Tlemcen ? Le général Bugeaud fut donc désigné pour exercer dans l'ouest les pouvoirs les plus étendus.

« Abd-el-Kader, qui devait tout particulièrement détester Bugeaud, occupait alors avec son armée les rives de la Tafna. On s'attendait à une lutte acharnée entre les deux adversaires. Quel ne fut pas l'étonnement public quand on apprit qu'ils avaient eu ensemble une entrevue !

— Ce dut être, m'écriai-je, un moment solennel, que celui où, pour la première fois, un général français se trouva face à face avec l'émir.

— Oui, répondit mon père, et cette entrevue mérite de t'être racontée.

« Le 31 mai, à neuf heures du matin, le général Bugeaud, suivi d'une nombreuse escorte, était rendu à l'endroit convenu. L'attente dut lui paraître bien longue, car ce ne fut que vers les six heures du soir, et après avoir marché plus d'une heure à la rencontre de l'émir, qu'il commença à apercevoir l'armée arabe rangée sur les mamelons voisins. Alors un groupe de cavaliers, composé de cent cinquante à deux cents chefs revêtus d'imposants costumes, s'avança au-devant de lui. Abd-el-Kader, monté sur un magnifique cheval noir qu'il maniait avec élégance, occupait la place d'honneur. Plusieurs Arabes tenaient ses étriers et les pans de son burnous.

« Bugeaud lança son cheval au galop et, arrivé près de l'émir, lui tendit la main, que ce dernier serra à deux reprises différentes. Puis, tous deux ayant mis pied à terre, ils s'entretinrent par interprètes et tombèrent d'accord pour conclure la paix.

Hammam-bou-Ghara.

C'est le traité qu'ils signèrent qui porte dans l'histoire le nom de traité de la Tafna.

« En prenant congé d'Abd-el-Kader, Bugeaud lui dit :

« Sais-tu qu'il y a peu de généraux qui eussent « osé faire le traité que j'ai conclu avec toi? Je n'ai « pas craint de te grandir et d'ajouter à ta puissance, « parce que je suis assuré que tu n'useras de la « grande existence que nous te donnons que pour « améliorer le sort de la nation arabe et la main- « tenir en paix et en bonne intelligence avec la « France.

« — Je te remercie de tes bons sentiments pour « moi, répondit Abd-el-Kader; si Dieu le veut, je « ferai le bonheur des Arabes, et si la paix est jamais « rompue, ce ne sera pas ma faute. »

« Il se faisait tard et la nuit allait venir. Quand, après s'être dit adieu, les deux chefs se séparèrent, de chaleureuses acclamations, parties de l'escorte de l'émir, se répercutèrent majestueusement le long des collines et furent répétées par toute l'armée.

« Telle est, mon cher Louis, l'histoire du traité de la Tafna.

— Elle est fort intéressante, répondis-je, mais j'ai lu quelque part que ce traité fut mauvais pour la France. Est-ce vrai?

— Oui, mon enfant, car si d'une part Abd-el-Kader reconnaissait la souveraineté de la France à Alger et à Oran, si nous gardions Arzew, Mostaganem, Mazagran et leur banlieue, ainsi que les plaines du

Une smala.

Sahel et de la Mitidja, par contre la France consacrait formellement l'autorité de l'émir sur les provinces d'Oran, d'Alger et de Titteri. »

Pendant que mon père m'avait fait cette petite leçon d'histoire, nous avions laissé derrière nous la Tafna, qui peut bien avoir à cet endroit 80 mètres de largeur, et nous étions arrivés au relais voisin de Hammam-bou-Ghara.

Hammam-bou-Ghara, situé à 282 mètres d'altitude, est renommé pour ses eaux chaudes, légèrement sulfureuses. Deux piscines y sont fréquentées par les femmes arabes et juives, qui viennent y chercher la guérison de tous les maux. Ces piscines sont ombragées d'admirables palmiers, de robustes oliviers et de lentisques séculaires. Des lianes gigantesques courant d'un arbre à l'autre retombent en rideaux féeriques. C'est un spectacle merveilleux. Environ 2 kilomètres plus loin nous traversons la Mouila et nous entrons dans une autre oasis, celle de Bled-Chaba, remarquable par sa splendide allée de hauts platanes, de trembles et d'acacias. La voûte de feuillage formée par cette allée est si épaisse, que les rayons du soleil n'y pénètrent jamais.

La Mouila limite les jardins de la smala. On appelle ainsi un bâtiment carré avec vaste cour et murailles crénelées. A l'intérieur logent les officiers, sous-officiers et soldats français. Les spahis indigènes, eux, après leur service fait, vont rejoindre leurs femmes et leurs enfants dans un grand douar ou campement circulaire, à quelques centaines de mètres de l'enceinte fortifiée.

Nous passons au trot non loin des tentes pittoresques formant cet immense douar, où semble régner beaucoup d'animation. Mais, à mesure que nous nous en éloignons, la végétation se rabougrit et le désert commence. Il est quatre heures du soir. Nous ne sommes plus qu'à quelques kilomètres de Lalla-Marnia, où nous arrivons au coucher du soleil.

CHAPITRE XXXI

DE LALLA-MARNIA A NEMOURS

A Lalla-Marnia, l'arrivée du courrier est annoncée aux habitants par le son du clairon. On joue le refrain connu : *As-tu vu la casquette, la casquette, as-tu vu la casquette du père Bugeaud?* Ainsi l'on faisait autrefois à Mascara et probablement dans plusieurs autres centres algériens. Ah! c'est un événement important que l'arrivée du courrier dans nos lointains villages et nos postes avancés, où les moyens de communication sont encore difficiles et rares. Ceux qui y vivent ont quitté des parents, des amis avec lesquels ils correspondent. Le courrier leur apporte la preuve qu'on ne les oublie pas et leur donne des nouvelles de la patrie : voilà, en dehors des relations d'affaires, pourquoi un air de satisfaction se répand sur les visages quand ces mots volent de bouche en bouche : *Le courrier est arrivé.*

Lalla-Marnia tire son nom d'une femme arabe dont nous sommes allés visiter la koubba, située derrière la redoute. « C'était, nous dit-on, une personne instruite, qui, jeune encore, ouvrit une école où les Arabes et les Kabyles affluèrent, car, à la science, Lalla Marnia joignait la beauté du visage et une grande bonté de cœur. Ses conseils étaient judicieux et ses biens appartenaient à tous. Les musulmans la regardaient comme une envoyée d'Allah. Deux fois elle fit le pèlerinage de la Mecque, et, avant de mourir, elle désigna l'endroit où elle désirait être enterrée. Ses enfants, à cause de sa haute réputation, crurent devoir prendre son nom, au lieu de celui de leur père, et, aujourd'hui encore, ses descendants célèbrent chaque année son glorieux souvenir. »

Adossée à un piton de 122 mètres de hauteur, appelé la Vigie, la petite ville actuelle de Lalla-Marnia, comme Sidi-bel-Abbès, comme tant d'autres villes ou villages algériens, commença par n'être qu'un poste militaire destiné à surveiller le Maroc. A côté de la redoute, qui se trouve à 383 mètres au-dessus du niveau de la mer et qui peut renfermer de quatre à cinq cents hommes avec de l'artillerie, une ville se créa peu à peu qui devint bientôt un lieu de marché très fréquenté. A présent, le commerce annuel de cette ville avec le pays voisin s'élève à plus de cinq millions. Là abondent les laines, les tissus, les nattes, les céréales, les chevaux, les mulets et toutes sortes de bétail. Au temps des grands travaux agricoles, les Marocains, qui sont de rudes travailleurs, y passent en bandes considérables. Plusieurs cours d'eau, l'Ouerdefou, l'oued El-Abbès, la Mouila, donnent aux environs une grande fertilité, que l'on peut encore accroître par des canaux d'irrigation. La Mouila ne passe pas à Lalla-Marnia; mais un barrage construit à 12 kilomètres à l'ouest et à une demi-lieue de la frontière va permettre d'amener les eaux de la Mouila à cette dernière ville.

Le lendemain de notre arrivée était un dimanche, et nous pûmes visiter le marché, qui se tient ce jour-là. C'est quelque chose d'invraisemblable, un fourmillement et un brouhaha impossibles à décrire. J'y ai vu les races d'hommes les plus variées, chacune avec son costume; j'y ai entendu les idiomes les plus divers, et pour ce qui est des animaux et les marchandises, je n'en entreprendrai pas l'énumération, car je suis persuadé que je ne pourrais jamais la faire d'une façon complète.

La commune mixte de Lalla-Marnia occupe une superficie de près de 154 000 hectares et compte, en y comprenant l'annexe de Gar-Rouban, où l'on exploite des gisements de cuivre et de plomb argentifère, une population d'environ vingt-cinq mille habitants, dont seulement quelques centaines de Français.

Nous quittâmes Lalla-Marnia le surlendemain de notre arrivée, qui était un lundi, pour nous rendre à Nemours, dernière station de notre voyage. Après avoir traversé l'oued Mouila, affluent de la Tafna, et nous être arrêtés quelques instants au caravan-

Nédroma, d'après une photographie de M. Cairol.

sérail d'Aïn-Tolba, nous prenons à pied la traverse et, au bout de trois quarts d'heure, nous arrivons, haletants, au sommet du col de Bab-Taza, d'où se déroule sous nos yeux un panorama grandiose.

En effet, nous avons à nos pieds le cirque au fond duquel est bâtie Nédroma, et devant nous, dans le lointain, un coin de la mer bleue; à notre droite sont les montagnes des Traras, arrosées du sang de nos soldats; à notre gauche, les collines qui séparent Nemours du Maroc, et l'oued Isly, qui rappelle la victoire de ce nom remportée par Bugeaud.

Nous descendons à Nédroma, petite cité arabe, mauresque et juive, bâtie sur une terrasse du Filhaousen et à demi cachée dans sa forêt d'oliviers et ses nombreux vergers. Plus charmante par son site que par ses ruelles, ses masures et ses décombres, Nédroma a un marché fréquenté toutes les semaines par trois à quatre mille indigènes, algériens ou marocains. Dans les environs on trouve de la terre à poterie dont les Arabes savent tirer parti. Le minaret de la grande mosquée brille sous les rayons du soleil et domine majestueusement la petite cité qui eut l'honneur d'être le dernier centre de résistance d'Abd-el-Kader. Avec ses rues tortueuses, ses maisons basses, ses blanches terrasses, ses vieilles tours ruinées, sa ceinture d'oliviers, sa jolie mosquée, Nédroma semble être une réduction de Tlemcen.

A propos du Filhaousen, mon père me dit :

« Regarde bien cette montagne, qui atteint une

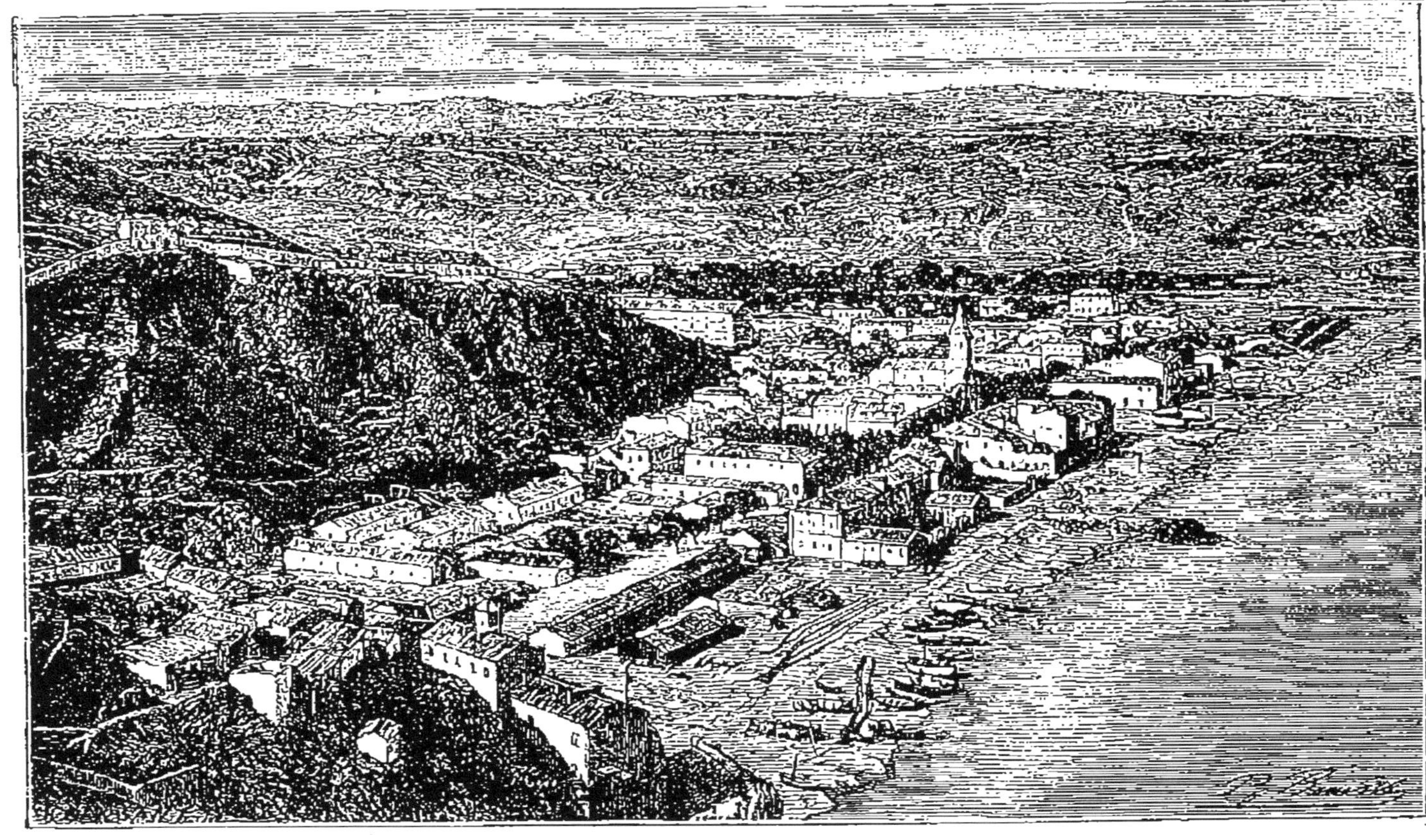

Nemours.

hauteur de 1157 mètres et qui porte un nom célèbre dans les annales de la science.

« Depuis longtemps on avait constaté que toutes les montagnes comprises entre le massif d'Oran et la frontière marocaine avaient une altitude suffisante pour qu'on pût, par un temps clair, apercevoir de leurs sommets ceux des montagnes méridionales de l'Espagne. C'est précisément en cette saison, vers le coucher du soleil, que l'on peut jouir de cet admirable horizon, à une distance de 270 kilomètres. Pendant vingt nuits, des officiers français et espagnols, campés sur les cimes, se firent vainement des signaux par-dessus la Méditerranée. Enfin, la vingt et unième nuit, les faisceaux de lumière électrique furent aperçus, et les réseaux de triangulation de l'Espagne et de l'Algérie furent directement rattachés l'un à l'autre. »

De Nédroma à Nemours, la distance est de 24 kilomètres. On arrive à cette dernière ville après avoir traversé de belles cultures maraîchères.

Nemours, qui comptera bientôt trois mille habitants, est située entre l'embouchure de la Tafna et la frontière marocaine. Très coquette, elle est enserrée à l'est et au sud par de hautes falaises. Plusieurs de ses rues sont ombragées de grands arbres.

« C'est, me dit mon père, une ville pleine de vieux souvenirs. Du temps des Romains, elle s'appelait *Ad Fratres*, nom tiré de deux rochers, les « Deux Frères », qui se dressent dans la mer du côté de l'ouest. Si l'on n'y retrouve plus grand'chose de l'antique cité romaine, les traces de la domination arabe n'y manquent pas. Les Arabes, en effet, nous y ont laissé Djemâa-el-Razaouat, la Mosquée des Pirates, qui rappelle que les anciens écumeurs de mer avaient choisi la crique de Nemours pour y remiser leurs navires. »

Nous allâmes visiter le rocher à l'extrémité duquel se dresse encore cette mosquée. C'est un endroit d'une aridité affreuse. Ce nid d'aigle convenait bien à ces oiseaux de proie qu'on nommait les forbans.

La ville actuelle date de 1844. C'est à Nemours qu'après sa soumission Abd-el-Kader, digne et silencieux, fut amené au duc d'Aumale.

Le port de Nemours n'est pas assez bien abrité pour recevoir en tout temps les voiliers et les bateaux à vapeur qui font le service de la côte. Il expédie surtout des orges et du bétail venus par Lalla-Marnia de la frontière du Maroc. Il y entre plus de caboteurs espagnols que de navires français.

CHAPITRE XXXII

SIDI-BRAHIM, PREMIER ACTE

« On pourrait, nous dit l'officier qui voulut bien nous servir de guide pour visiter les environs de Nemours, écrire au-dessous de Sidi-Brahim ces quatre mots : *Drame en trois actes.* »

Et, pour justifier ces paroles, il se mit à nous raconter les souvenirs à la fois sombres et glorieux que rappelle le nom de Sidi-Brahim.

« Commençons, dit-il, par le premier acte.

« Le 13 septembre 1844, après la victoire de l'Isly remportée par Bugeaud, la France signa avec le sultan du Maroc le traité de Tanger.

« Par ce traité, le sultan s'engageait à interner Abd-el-Kader dans une ville de l'ouest de son empire, au cas où l'émir tomberait entre les mains des troupes marocaines.

« Mais Abd-el-Kader, alors réfugié au Maroc, ne se laissa pas prendre, et, l'année suivante, il reparut brusquement au milieu des tribus hostiles de notre frontière.

« Or, un jour, un caïd, un traître, Mohammed-Trari, en qui l'autorité française avait confiance, vint trouver le lieutenant-colonel de Montagnac, commandant supérieur de Nemours, et lui annonça qu'Abd-el-Kader se disposait à razzier la tribu des Souhalia, à laquelle lui, Mohammed, appartenait. Dans cette circonstance, il croyait devoir réclamer du colonel aide et protection.

« Loyal et brave, Montagnac se mit en marche la nuit suivante, emmenant avec lui un escadron du 2e hussards, commandé par le chef d'escadrons Courby de Cognord, et cinq compagnies du 8e bataillon de chasseurs à pied, ayant à leur tête le chef de bataillon Froment Coste. En tout quatre cent seize hommes. On s'était muni de vivres pour trois jours.

« Le lendemain soir, 22 septembre 1845, après des marches et des contremarches fatigantes, la petite colonne dressait ses tentes à 2 kilomètres au sud du marabout de Sidi-Brahim.

« Le 23 au matin, le colonel de Montagnac, apercevant les vedettes ennemies sur les mamelons voisins, donne le signal de l'attaque. L'escadron de hussards et trois compagnies de chasseurs sont lancés contre les Arabes, qu'on ne croit pas très nombreux et qui sont commandés par Bou-Hamidi, lieutenant d'Abd-el-Kader. Le combat s'engage, mais au même moment l'émir, qui a tourné le mont Guerbous, arrive à l'improviste et coupe l'escadron en deux parties.

« La première partie charge les cavaliers ennemis, qui battent en retraite derrière le Guerbous. Nos hussards, ignorant que cette retraite cache un piège, les poursuivent et se trouvent bientôt au milieu d'une véritable armée musulmane, qui les entoure et les taille en pièces.

« Vainement le colonel de Montagnac et le commandant Courby de Cognord veulent leur porter secours. Les Arabes continuent à déboucher par milliers, et la deuxième fraction de l'escadron est obligée de se replier sur les trois compagnies de chasseurs.

« Alors commence une lutte inégale et terrible d'un contre vingt. Il ne faut plus espérer vaincre, mais il reste à bien mourir. C'est ce que va faire cette poignée de braves. Comme à Waterloo, le carré est formé, et, comme sont tombés les pères dans la grande bataille, les enfants vont tomber dans ce petit combat.

« Montagnac est frappé un des premiers. Quant à Courby de Cognord, ce fut comme par miracle qu'il survécut. En effet, après la mort de Montagnac, la scène de destruction continua. Elle continua sans que parmi ces Français un seul songeât à se rendre. Tous, au contraire, s'excitaient mutuellement à résister jusqu'à la mort.

« Quand ils eurent brûlé leur dernière cartouche, ils se comptèrent. Ils n'étaient plus que onze, plus ou moins grièvement blessés. Les autres étaient morts. Parmi les survivants, il y en avait un qui avait reçu cinq blessures : c'était Courby de Cognord.

« Les Arabes n'ont pas la réputation d'être tendres pour leurs vaincus, mais le courage héroïque de nos soldats les avait tellement impressionnés que ce fut avec une sorte de crainte mêlée d'admiration qu'ils enlevèrent leurs onze prisonniers.

« Plus tard, ceux qui recueillirent les ossements des glorieuses victimes de la trahison de Mohammed-Trari constatèrent que chaque combattant avait été frappé à la place même qui lui avait été assignée dans le carré et que c'est avec raison qu'on a pu dire : « Sans cartouches, ne pouvant plus riposter, « ils ont attendu la mort et sont tombés comme un « vieux mur que l'on bat en brèche. »

Pendant que l'officier nous avait fait ce poignant récit, nous étions arrivés au lieu dit Guerbous, à 6 kilomètres de Nemours. Je foulais cette terre arrosée du sang de nos vaillants compatriotes, et c'est avec la plus vive émotion que j'allai visiter la colonne qui leur a été élevée en 1853 sur l'emplacement même du tombeau en pierres sèches où, quelques jours après le désastre, le général Cavaignac avait réuni les restes de ces nobles enfants de la France.

Le monument est simple. Il se compose d'une base de trois marches supportant un piédestal quadrangulaire d'environ 2 mètres de haut. Les angles sont ornés de pilastres en pierre de taille. Au-dessus du massif se dresse une pyramide tronquée.

Je fis, tête nue, le tour du monument, sur les faces duquel je lus la date funèbre du 23 septembre 1845 et les noms des principaux officiers qui périrent ce jour-là. Et comme parmi ces noms figure celui de Froment Coste, je demandai à notre guide de vouloir bien m'apprendre comment ce commandant était mort.

« Ah! c'est vrai, fit l'officier. J'ai oublié de vous dire que le matin du 23, quand le colonel de Montagnac donna l'ordre d'attaquer les Arabes, deux compagnies de chasseurs, sous les ordres du commandant Froment Coste, avaient été laissées à la garde du camp.

« Or, quand l'action fut engagée dans les conditions que vous savez, Montagnac appela Froment Coste à son secours. Ce dernier partit au pas de course avec une compagnie, laissant à la garde du camp la compagnie de carabiniers du capitaine Géreaux. Mais, hélas! il était trop tard. Avant que Froment Coste pût arriver sur le champ de carnage, la fusillade avait cessé, c'est-à-dire que Montagnac et ses compagnons avaient vécu. Que faire? Froment Coste n'hésite pas. Il gagne en toute hâte le point où il juge qu'il vendra le plus chèrement sa vie et y forme sa petite troupe en carré. Des milliers d'Arabes entourent bruyamment le carré, et bientôt Froment Coste est frappé à mort, puis le capitaine Burgad, puis tous les chasseurs, qui se font tuer sur le corps de leurs officiers.

« Petit, ajouta notre compagnon en me tapant sur

La colonne de Montagnac.

l'épaule, si tu as un jour l'occasion de visiter le musée de Versailles, tu pourras y voir le portrait de Froment Coste. Il figure dans le tableau qui représente la prise de la smala d'Abd-el-Kader. Je me rappelle m'être plus d'une fois arrêté devant cette figure énergique, qui semble se préparer à conduire son bataillon à la mort. »

Nous restâmes quelques instants silencieux, contemplant tour à tour le monument et le coin de terre tragique qui s'étendait sous nos yeux.

« C'est là qu'ils dorment, me disais-je en moi-même, là, sous ces humbles pierres, à l'ombre de cette colonne brisée. Le silence et la solitude les environnent. A peine si de temps à autre quelque pieux voyageur vient saluer ces grandes ombres. Mais leur nom est impérissable et leur souvenir immortel. »

CHAPITRE XXXIII

SIDI-BRAHIM, DEUXIÈME ACTE

De la colonne nous prîmes un sentier qui, en une heure, nous conduisit à la vieille koubba de Sidi-Brahim.

Cette koubba est un tombeau jadis élevé à la mémoire du pieux personnage musulman dont elle porte le nom. Elle se compose de quatre murs surmontés d'une coupole, le tout blanchi à la chaux. Un des murs seulement est percé d'une porte. Les rayons du soleil africain, qui se réfléchissent vivement sur ce mausolée entouré de broussailles, le signalent de loin à l'attention du voyageur.

« C'est ici, reprit l'officier, c'est entre ces quatre murs, que se passa en grande partie le deuxième acte du drame que j'ai entrepris de vous raconter.

— Parlez, monsieur, parlez, m'écriai-je! Si vous saviez combien je désire connaître en entier cette histoire pour la noter sur mon carnet de voyage!

— Je vais te satisfaire, reprit l'officier, mais pour cela je suis obligé de me reporter à mon récit de tout à l'heure.

— Tu te souviens, n'est-ce pas, que le capitaine Géreaux était resté à la garde du camp, avec la compagnie des carabiniers du 8e chasseurs?

— Oui, mon lieutenant. Et justement je voudrais bien savoir ce qu'ils devinrent, lui et ses braves soldats.

— Tu n'as pas oublié l'endroit où ils étaient campés?

— Non. Vous m'avez dit que c'était à 2 kilomètres de cette koubba.

— Oui, là, devant nous. Mais ils ne devaient pas y rester longtemps. Ayant le sinistre pressentiment de ce qui venait de se passer, et voyant les Arabes accourir par milliers pour cerner sa petite troupe et l'obliger à se rendre, le digne frère d'armes de Montagnac et de Froment Coste se place en tête de sa compagnie et s'écrie : « Mes enfants, à la baïon- « nette! »

« Et, profitant de l'élan donné, il parvient à se faire jour à travers les Arabes et à gagner, avec quatre-vingts de ses soldats, ce marabout que voilà.

« Le monument est, comme vous voyez, entouré d'une cour carrée de 15 mètres de côté, limitée par des murs crénelés. Géreaux et ses quatre-vingts compagnons, en y entrant, ne pouvaient guère espérer en sortir que vaincus ou morts. Or ces rudes soldats n'étaient pas de ceux qui se laissent vaincre.

« Il y eut quelques instants de répit, pendant lesquels s'accomplit une action si belle, que je m'en voudrais de la passer sous silence.

Sidi-Brahim, d'après une photographie de M. Cairol.

« Parmi les prisonniers d'Abd-el-Kader, se trouvait un officier français, le capitaine Dutertre. Avant de commander l'assaut, l'émir ordonna au capitaine Dutertre de se rendre auprès des assiégés de Sidi-Brahim et de leur conseiller de capituler. Dutertre y va, mais ce Français a l'âme d'un Romain, et, au lieu de pousser ses compatriotes à se rendre, il les exhorte, au contraire, à combattre jusqu'à la mort. Puis, sa noble action accomplie, il revient auprès d'Abd-el-Kader, qui, furieux, lui fait trancher la tête et commande l'assaut.

« L'assaut a lieu. Trois fois les fougueux sectaires de Mahomet se jettent sur cette pauvre petite redoute, où se sont réfugiés quatre-vingts Français : trois fois ils sont obligés de reculer. Cris, sommations, menaces sont méprisés par ces héros que n'eût pas désavoués Léonidas. Une si fière et si admirable résistance étonne et fait réfléchir Abd-el-Kader, qui d'ailleurs, appelé sur un autre point, confie aux contingents de ses alliés la mission d'investir le marabout et de le réduire par la famine.

« Un, deux, trois jours se passent. Dans le marabout, les munitions, l'eau, les vivres sont épuisés. Les assiégés n'en peuvent plus de fatigue. Trois terribles nuits d'insomnie leur ont donné la fièvre. Le vague espoir qu'ils avaient d'être secourus s'est évanoui. Que faire? Faut-il se laisser mourir de faim et de soif? Ou bien faut-il tenter un suprême effort pour gagner Nemours? Il y a bien une troisième solution : c'est de mettre bas les armes, mais, je le répète, ces hommes extraordinaires n'y songent même pas. Pour eux, le choix n'est pas douteux; ils se prononcent pour le parti qui consiste à faire une trouée à travers les rangs ennemis. Avec une hardiesse et une impétuosité inouïes, ils s'élancent donc hors du marabout, le capitaine Géreaux en tête.

« Les Arabes sont déconcertés par tant d'énergie et d'audace de la part de soldats qui n'ont plus d'autre arme que la baïonnette, et un moment on put croire que la valeur triompherait du nombre.

« Mais, hélas! il y a 10 kilomètres de Sidi-Brahim à Nemours, c'est-à-dire plusieurs heures de marche, et les infortunés sont à bout de force.

« En route un des carabiniers succombe, puis trois autres au petit village arabe de Tient, qu'il faut franchir en combattant. Géreaux lui-même est blessé et ne peut plus suivre ses compagnons. Ces derniers voudraient le porter, mais ils en sont absolument incapables. « Laissez-moi, dit le capitaine, et conti-« nuez votre route. » Ils ne peuvent s'y résoudre et ils traînent Géreaux par la ceinture.

« Le village de Tient derrière eux, ils sonnent du clairon! Ah! ce clairon est aussi tragique que le cor de Roland. Comme le neveu de Charlemagne, ils sonnent à se rompre les veines du cou. Ils ne sont plus qu'à 2 kilomètres de Nemours, mais ces 2 kilomètres, il leur est complètement impossible de les faire. Les forces humaines ont des limites, même pour les héros.

« Ils sont donc obligés de faire une halte, au bord de la rivière, dans un endroit où ils se croient en sûreté.

« Hélas ! aperçus par les Arabes d'un village voisin, ils sont attaqués de nouveau et fusillés à bout portant.

« Cependant on avait enfin entendu à Nemours l'appel désespéré des chasseurs de Géreaux. Ouvriers, employés d'administration, en un mot tout ce qui pouvait tenir un fusil s'arma et sortit de la ville sous les ordres du capitaine du génie Coffyn. Mais ce fut inutilement. Le sort en était jeté. L'épouvantable et dernier massacre avait eu lieu. Des quatre-vingts hommes qui étaient sortis du marabout de Sidi-Brahim, le capitaine Coffyn ne put sauver que le caporal Lavayssière et douze chasseurs. Lavayssière seul fut assez heureux pour garder sa carabine, que la duchesse d'Orléans lui échangea contre une carabine d'honneur.

« Quant aux douze autres survivants, exténués de fatigue, de faim et de soif, ils ne purent, malgré les soins les plus empressés, être conservés à la France, et, au bout de quelques jours, ils allèrent rejoindre Montagnac, Coste et Géreaux dans l'immortalité. »

CHAPITRE XXXIV

SIDI-BRAHIM, TROISIÈME ACTE

J'avais écouté avec une religieuse attention cette seconde partie du récit du brave lieutenant qui avait bien voulu faire avec nous le pèlerinage de Sidi-Brahim. Quand il eut fini de parler, mes yeux se rencontrèrent avec ceux de mon père, sur la joue duquel j'aperçus couler une larme. Pendant quelques minutes, on n'entendit plus rien que le murmure du vent à travers les rameaux des arbustes voisins, et il me sembla que les ombres des géants qui avaient lutté là pendant trois jours et trois nuits se penchaient sur nous au milieu de ces ruines.

Enfin l'officier reprit la parole.

« Telle fut, dit-il, la douloureuse catastrophe de Sidi-Brahim. Inutile d'ajouter qu'elle eut un retentissement immense et que, grossie par les commentaires des indigènes, elle ranima le feu qui couvait dans la plupart des tribus. L'insurrection éclate sur divers points à la fois et devient bientôt générale. Allons-nous être chassés de l'Algérie? Ces cinq années de luttes, les fatigues, les privations, les misères, le sang versé, tout cela va-t-il devenir inutile? Bugeaud, qui était alors en France, s'empresse de revenir et porte l'effectif de l'armée à cent six mille hommes. Quinze colonnes sont mises sur pied avec mission d'empêcher Abd-el-Kader de pénétrer dans le Tell, de le refouler dans le désert et de l'y poursuivre à outrance. L'émir, déployant alors une activité fébrile, s'enfonce dans le sud, court vers l'est à travers les Hauts-Plateaux, passe entre les colonnes des généraux Lamoricière et Bedeau, et vient prêcher la guerre sainte jusque dans les montagnes voisines d'Orléansville, aujourd'hui sous-préfecture du département d'Alger.

« En vain les quinze colonnes qui le poursuivent se replient et se resserrent sur elles-mêmes pour l'écraser, Abd-el-Kader fait 50 lieues en deux jours et réussit à se dérober au cercle de fer dans lequel on veut l'étreindre. Dans la nuit du 7 février 1846, il a un cheval tué sous lui, se trouve quelque temps mêlé à nos soldats et ne parvient à se sauver que grâce à la simplicité de ses vêtements.

« Vaincu, brisé, mal accueilli par les tribus qui restent sourdes à sa voix, abandonné de ses alliés, presque sans escorte, cet homme opiniâtre se résigne à rentrer au Maroc.

« Mais le sultan Abd-er-Rahman, qui est lié par le traité de Tanger et à qui d'ailleurs l'émir commence à porter ombrage, lui enjoint officiellement de se remettre entre ses mains ou de se retirer de ses

États. Abd-el-Kader congédie dédaigneusement les envoyés d'Abd-er-Rahman et, avec la poignée de

Le général Lamoricière.

fidèles qui lui restent, tente de retourner en Algérie.

« Or le général Lamoricière, qui observait ses

moindres mouvements, avait fait garder tous les passages.

« Quand Abd-el-Kader s'aperçut que le col du Guerbous était gardé par nos soldats, qui le reçoivent à coups de fusil, il réunit autour de lui ses principaux lieutenants et les consulta sur la décision à prendre.

« La nuit était noire, le vent soufflait, la pluie tombait, et c'était à la voix seulement que pouvaient se reconnaître les membres de ce suprême conseil. »

En ce moment, je ne pus m'empêcher de m'écrier :

« Je comprends maintenant qu'on puisse écrire au-dessous de Sidi-Brahim : *Drame en trois actes*, car je vois bien que c'est le troisième acte, c'est-à-dire la soumission d'Abd-el-Kader que vous allez nous raconter.

— Oui, reprit notre compagnon, et cette soumission devait avoir des conséquences tellement considérables, que peut-être ne seras-tu pas fâché de la connaître en détail.

— Au contraire, au contraire, fis-je vivement.

— Donc, continua l'officier, Abd-el-Kader tint un dernier conseil. Il commença par rappeler aux siens leur serment solennel de ne jamais l'abandonner, quelle que fût sa fortune, puis il continua :

« — Ce serment que vous avez tenu vis-à-vis de « moi, il était de mon devoir de le tenir vis-à-vis de « vous. Si vous voyez quelque chose qui me reste à « tenter, dites-le; si vous ne voyez rien, je vous « demande de me dégager du serment que je vous

« ai prêté mentalement le jour où j'ai réclamé so-
« lennellement le vôtre.

« — Nous rendons témoignage devant Dieu, dirent « ses lieutenants, que tu as fait pour sa cause tout « ce qu'il était possible de faire.

« — Puisqu'il en est ainsi, répliqua Abd-el-Kader, « nous n'avons plus qu'à choisir entre trois partis : « ou forcer le col du Guerbous en passant sur le « corps des cavaliers qui le gardent; ou nous jeter « dans la montagne en abandonnant nos femmes, « nos enfants et nos blessés; ou nous soumettre. »

« A ce dernier mot, l'émir est interrompu.

« — Périssent tes femmes et les nôtres, s'écrient « ses rudes guerriers, périssent tes enfants et les « nôtres, pourvu que tu sois sauvé ! »

« Abd-el-Kader seul est d'une opinion différente.

« — La lutte est finie, dit-il d'un air sombre, et « nous devons nous résigner. D'ailleurs les tribus, « fatiguées de la guerre, ne répondraient plus à ma « voix. Il faut nous soumettre.

« — Sultan, répondirent les chefs, que ta volonté « soit faite. »

« Ainsi parlaient ces hommes dans les ténèbres.

« En conséquence de cette décision, le 21 septembre 1847, un groupe de cavaliers arabes se rendit au campement du général Lamoricière pour l'informer qu'Abd-el-Kader offrait de se soumettre, à la seule condition d'être conduit, lui et sa famille, à Saint-Jean-d'Acre ou à Alexandrie.

« Lamoricière accepta en engageant sa parole, et,

plein de confiance, l'émir se dirigea vers ce marabout où il avait si cruellement traité les Français deux ans auparavant.

« C'était ici même que l'expiation devait avoir lieu, comme si le sort eût voulu donner une suprême satisfaction aux mânes des héros.

« Le colonel de Montauban avait été chargé de recevoir l'émir en attendant l'arrivée de Lamoricière. Vers deux heures de l'après-midi du 23 septembre, — date fatidique, — un cavalier montant un cheval gris, maigre et de mince apparence, s'avance vers le marabout. Ce cavalier était simplement vêtu à la manière arabe. Un bandage, roulé autour d'un de ses pieds, semblait indiquer une blessure. C'était Abd-el-Kader.

« Quelques chefs, fidèles au malheur, lui servaient d'escorte. Tous paraissaient blessés. La famille suivait à une petite distance.

« Arrivé au marabout, Abd-el-Kader, qui y fut accueilli par le colonel de Montauban avec tous les égards dus à son infortune et à son courage, demanda et obtint l'autorisation de faire une dernière prière en cet endroit, qui portait encore les traces d'un de ses plus éclatants triomphes.

« Enfin Lamoricière arriva. Quatorze escadrons de chasseurs et de spahis formèrent la haie, et Abd-el-Kader, accompagné du général Lamoricière, passa au milieu des troupes comme pour une revue, les tambours battant aux champs et les soldats présentant les armes.

Abd-el-Kader.

« On dit que, en présence de ces honneurs rendus au malheur, un éclair traversa les yeux de l'émir et qu'il releva un instant la tête. Mais bientôt on se trouva devant le marabout. Soudain les officiers mirent le sabre à la main, les soldats portèrent les armes, les clairons sonnèrent aux champs et les fanions s'inclinèrent.

« — Qu'est-ce que cela? demanda l'émir stupéfait.

« — C'est, lui répondit-on, l'hommage rendu au cou-« rage des nôtres le jour où Dieu te donna la victoire. »

« A cette parole, Abd-el-Kader baissa la tête, et, jusqu'à Nemours, plus un mot ne fut échangé.

Le sultan déchu fut conduit au duc d'Aumale, qui venait de remplacer Bugeaud comme gouverneur de l'Algérie et qui était arrivé à Nemours le matin même. Pas un murmure, pas une plainte, pas un regret ne sortit de la bouche de ce grand vaincu, qui sut noblement supporter l'infortune et qui, en 1860, lors des massacres de Damas, nous a témoigné sa fidélité, en sauvant des milliers de chrétiens du poignard musulman.

« Tels sont, conclut notre excellent guide, les souvenirs qu'évoque le marabout de Sidi-Brahim. » Et s'adressant plus particulièrement à moi :

« Jeune homme, dit-il, regarde une dernière fois ce palmier; il est aussi célèbre que le chêne sous lequel saint Louis rendait la justice, puisque c'est à l'ombre de ce palmier qu'Abd-el-Kader fit sa soumission à la France. »

CHAPITRE XXXV

EN MER

Toute la soirée et une partie de la nuit, je ne pus m'empêcher de repasser dans mon esprit les grands et terribles événements dont les environs de Nemours furent le théâtre et que le lieutenant qui nous avait accompagnés nous avait racontés d'une façon si chaleureuse et si patriotique.

« Peuple algérien, peuple jeune, me disais-je en moi-même, peuple qui ne compte guère plus d'un demi-siècle d'existence, tels sont les héros de ton histoire. On peut les mesurer aux preux du moyen âge et aux demi-dieux de l'antiquité. Il semble vraiment que ce sol d'Afrique, antique témoin des luttes d'Annibal et de Scipion, ait trempé nos soldats et les ait rendus solides comme l'acier! »

Enfin je parvins à m'endormir. Le lendemain, de bonne heure, mon père me réveilla, car nous devions nous embarquer sur le bateau qui fait le service de Nemours à Oran et qui appartient à la compagnie Transatlantique.

J'étais enchanté de revenir par cette voie, d'autant plus que c'était la première fois que j'allais monter à bord d'un navire. Le temps était superbe, la mer favorable. Nous quittâmes Nemours un peu après le lever du soleil.

De Nemours à Oran, la distance par eau est de cent cinquante kilomètres. Nous sommes restés sur le pont pendant presque toute la traversée, qui s'est accomplie très agréablement. J'ai pris plaisir à observer les figures franches et graves des matelots. L'un est au gouvernail, l'autre lime, celui-ci rabote, celui-là tresse des cordes. Bref, personne de l'équipage ne reste inoccupé.

Le premier point qui fixe notre attention est la baie d'Honeïn, qui vient après le cap Noé. Là sont les ruines d'une ville qui était l'un des ports de Tlemcen avant la conquête d'Oran par les Espagnols.

Nous apercevons ensuite l'île de Rachgoun, à l'embouchure ensablée de la Tafna. Sur ce rocher, qui paraît volcanique et qui est situé à environ deux kilomètres de la côte, se dresse un phare de deuxième ordre bâti en 1870. L'île de Rachgoun n'est habitée que par une brigade de douaniers et le gardien du phare.

« La côte que nous venons de longer, nous dit un habitant du pays qui faisait le même trajet que nous, est peuplée de tribus indigènes qui vivent non sous la tente, mais dans des maisons tout à fait primitives, bâties en terre et n'ayant le plus souvent pour porte qu'un fagot épineux. Cette région montagneuse renferme d'abondantes sources et, par suite, de nombreux jardins. Elle est également riche en céréales et suffirait à l'alimentation d'une ville à Rachgoun,

Le phare de Rachgoun.

si plus tard on y construisait un port. Vous savez que l'établissement d'un chemin de fer reliant Tlemcen à Rachgoun est fortement réclamé par les habitants de la région. »

Pendant que notre obligeant compagnon nous donnait ces renseignements, j'aperçus, à une distance de quelques kilomètres, une église au sommet d'une montagne.

« A quelle commune appartient cette église? lui demandai-je.

— A une commune peu connue, répondit-il, mais qui mérite pourtant d'être visitée par le touriste. Elle s'appelle Beni-Saf, et son histoire est assez curieuse pour être racontée.

— Nous l'écouterons avec plaisir, dit mon père.

— Je dois d'abord vous apprendre, reprit notre interlocuteur, que c'est à un cafetier de Tlemcen, M. Guès, que revient l'honneur de la découverte des minerais de fer dans la province d'Oran.

« Cet homme énergique, d'accord avec un vieux garde-mines, M. Mœvus, explora le pays qui s'étend devant nous à l'est et commença à mettre en valeur des gisements situés dans le djebel Aouaria. Des Anglais lui achetèrent sa mine et continuèrent l'œuvre commencée, en la développant. Il en est résulté le centre minier de Camerata, que nous verrons tout à l'heure. Alors une maison d'Oran, subventionnée par un riche capitaliste français, M. Causse, envoya M. Bézy, ancien officier de l'armée d'Afrique, étudier les environs de Beni-Saf.

« C'était en 1872. Cet endroit n'était guère habité que par les indigènes, possesseurs d'un vaste domaine comprenant une montagne nommée Gar-Baroud ou la Grotte de la Poudre, et par la famille d'un Espagnol nommé Gomez, qui exploitait les alfas de la région.

« M. Bézy, conduit par l'Espagnol Gomez, s'établit dans le pays et commença ses recherches.

« D'accord avec M. Guès, qui entretenait d'excellentes relations avec les indigènes, il offrit d'acheter à ces derniers les terres improductives renfermant une pierre noire pareille à celle que la compagnie anglaise extrayait sur le territoire voisin. Les Arabes acceptèrent avec empressement. Ainsi prit naissance Beni-Saf. »

Nous arrivâmes bientôt dans le port, qui a seize hectares, mais qui est loin d'être suffisamment protégé contre les houles du large. Nous y remarquons plusieurs steamers de fort tonnage qui viennent charger les minerais de fer. Ces minerais sont recherchés par l'Angleterre et les États-Unis. La quantité livrée cette année atteindra le chiffre de plusieurs centaines de mille tonnes.

Rien d'étonnant donc qu'en un court laps de temps la population de Beni-Saf se soit élevée à quatre mille cinq cents âmes, dont les deux tiers environ sont composés d'Européens. L'autre tiers est formé de Marocains logés dans les grottes creusées dans les rochers dominant la mer.

L'installation minière, qu'il nous est possible de visiter grâce à une escale de trois heures, est des plus remarquables. Des locomotives prennent le minerai à une distance de quatre kilomètres du port, parcourent la montagne, puis livrent leurs trains à des plans inclinés. Ceux-ci transmettent les wagons à d'autres locomotives qui les amènent au-dessus des navires dans lesquels, en un clin d'œil, le minerai est englouti.

Nous reprenons la mer et nous passons bientôt devant les mines de Camerata. A quelques milles plus loin nous distinguons très bien l'embouchure du rio Salado, puis nous doublons le cap Figalo, qui est très escarpé, presque à pic, et dont le sommet paraît arrondi, de quelque côté qu'on le regarde. Après le cap Figalo, la côte forme une muraille inaccessible et droite. Les autres caps qui viennent ensuite sont les caps Sigale, Lindless et Falcon. Devant le cap Sigale, nous laissons à notre gauche les îles Habibas, où il fut question d'établir un pénitencier. Elles sont séparées par un étroit canal. L'une d'elles possède une crique où les pêcheurs peuvent trouver un abri.

Entre le cap Lindless et le cap Falcon s'ouvre une baie très grande, bordée de sables et de falaises et qu'on nomme la baie des Andalous, parce que les premiers Maures chassés d'Espagne vinrent y débarquer. La plaine qui s'étend au delà de la baie est très belle, très fertile et très renommée par ses cultures de vignes. Les principaux villages à y signaler sont Bou-Sfer, El-Ançor et les Andalouses.

En face de la baie des Andalous et à une distance d'environ 7 kilomètres, apparaît l'île Plane, entourée de rochers et tristement célèbre par le naufrage du *Borysthène* en 1865.

Nous doublons le cap Falcon et nous voilà dans le golfe d'Oran. Il continue à faire un temps superbe.

Nous apercevons le joli village d'Aïn-el-Turk, dont les maisons sont encadrées de verdure. Le soleil se couche au moment où nous entrons dans la vaste et imposante rade de Mers-el-Kébir. Je suis heureux de revoir Oran et je le serai bien plus encore demain, puisque c'est demain que nous aurons la joie de nous trouver tous réunis.

CHAPITRE XXXVI

LE RETOUR

Qu'après une longue absence il est doux de revoir ceux qu'on aime! La nuit qui précéda notre retour à Saint-Denis-du-Sig me parut interminable, et il me serait impossible d'indiquer, même sommairement, toutes les pensées qui envahirent alors mon jeune cerveau. Déjà, pendant notre voyage, j'avais senti plus d'une fois mes yeux se mouiller de larmes en songeant à ma bonne mère, à ma chère Julia, à notre petit Georges, au brave oncle Jean. Dans les solitudes désolées de Mécheria, aussi bien que sous la coupole tragique de Sidi-Brahim, notre humble foyer m'était resté présent à l'esprit et je n'avais cessé de voir l'image aimée des miens flotter vaguement autour de moi. Ah! ils sont bien puissants les liens invisibles qui attachent les uns aux autres les membres d'une même famille! Plus je m'étais trouvé éloigné, isolé, plus ces liens m'avaient semblé se resserrer et se fortifier, et mieux j'avais compris qu'aimer, être aimé, c'était là le grand secret de la vie, le seul vrai bonheur réalisable en ce monde.

Aussi comme je sautai au cou de ma bien-aimée maman en arrivant à la gare! Comme j'étais heureux de revoir et d'embrasser toute la famille, que nous retrouvions en bonne santé!

Mon petit frère Georges, lui, s'arrêta un instant étonné et comme interdit devant notre père, le regarda fixement et s'écria :

« C'est mon papa! »

Mon père le prit dans ses bras et le couvrit de baisers. Nous étions tous tellement émus, que c'est à peine si nous pouvions parler. Nous pleurions et riions à la fois. Après les premiers moments d'effusion, nous montâmes dans la voiture qui devait nous conduire de la gare à la maison.

J'étais assis à côté de maman, qui nous dit :

« Si vous saviez comme le petit était inquiet de ne plus vous voir! Il ne se plaignait pas, le pauvre chéri, mais on voyait bien que sa petite tête travaillait. Il éprouvait un certain ennui, un certain malaise dont il ne se rendait évidemment pas compte.

« A l'arrivée du facteur, il accourait vite, écoutait lire les lettres de Louis et nous demandait toujours si vous alliez bientôt revenir.

« Pendant sa maladie, il ne cessa de vous appeler, et, quand il fallait lui faire avaler quelque potion ou lui badigeonner la gorge avec le pinceau, nous lui disions : « Sois gentil pour ne pas faire de peine à « papa », et le cher ange se résignait à tout, en nous regardant d'un air suppliant. »

Cela nous fit grand plaisir d'entendre parler

ainsi notre mère. Le souvenir d'un danger passé rendait encore notre joie plus vive, notre félicité plus complète.

Chemin faisant, je remarquai que ma sœur Julia avait grandi et embelli. Maintenant c'était tout à fait une grande personne. Jamais ses yeux ne m'avaient paru si doux. Je ne pouvais m'empêcher de l'admirer.

« Julia, lui dis-je, je te rapporte, couvert de notes, le carnet que tu as eu l'amabilité de me remettre à notre départ. Nous le lirons ensemble, et j'espère que tu m'aideras à lui donner une forme définitive.

— Oui, me répondit-elle, et, si tu le veux, nous essayerons d'en faire un livre où l'on pourra mettre de nombreuses gravures qui achèveront de faire connaître ce que renferme de curieux et d'intéressant notre cher département.

— C'est là une excellente idée, m'écriai-je, mais j'ai bien peur que nous ne puissions arriver à la mener à bonne fin.

— Pourquoi pas? dit mon père, qui nous avait écoutés. Avec du travail, de la persévérance et du temps, rien n'est impossible. J'approuve fort l'idée de Julia, et, si vous le permettez, mes enfants, je serai votre collaborateur. »

Je n'ai pas besoin de dire avec quel enthousiasme Julia et moi nous accueillîmes l'offre de papa.

« Eh bien, oui, m'écriai-je, nous ferons un livre! Un livre destiné à la jeunesse française, un livre qui lui apprendra à aimer notre beau pays, malheureusement encore trop ignoré d'elle. Ainsi ce voyage d'études que nous avons entrepris pour mon instruction personnelle pourra servir non seulement à toi, ma chère Julia, mais encore à tous les jeunes Français ou Algériens, filles et garçons, qui voudront bien se donner la peine de nous lire.

— Bravo, interrompit mon père, je suis fier de te voir animé d'aussi louables sentiments, et je t'assure que, en ce qui me concerne, je ne négligerai rien pour le succès d'une entreprise que je considère comme éminemment patriotique. »

Tout en causant, nous étions arrivés à la maison, où les amis de la famille nous attendaient.

Notre brave docteur, que nous félicitâmes d'avoir guéri mon petit frère de son angine, et notre voisin le conseiller municipal déjeunèrent avec nous.

Le repas fut très-gai, et, au dessert, je demandai comme faveur que notre ami le conseiller et notre cher Georges chantassent ensemble *Au clair de la lune.* Tous deux s'y prêtèrent de bonne grâce, ce qui nous fit beaucoup rire et ce qui leur valut nos bravos unanimes.

Puis mon père ayant débouché une bouteille de vieux vin de France, leva son verre et s'écria :

« Mes amis, mes enfants, je bois à votre santé et à la prospérité de notre belle Algérie. Quand ce vaste territoire sera exploré, fouillé, retourné ; quand les éléments multiples qui constituent ses ressources seront connus et exploités ; quand tous, étrangers, Juifs, Kabyles et Arabes, auront passé par nos écoles et s'y seront coudoyés sous la direction des mêmes maîtres ; quand l'éducation en commun aura produit les effets salutaires attendus, que la langue de Voltaire et de Victor Hugo sera comprise de chacun, que nos idées auront pénétré une à une les cerveaux comme l'eau pénètre goutte à goutte la pierre ; quand la propriété collective aura fait place à la propriété individuelle, que l'expérience et l'instruction auront démontré aux indigènes les bienfaits de cette civilisation que nous leur apportons et à laquelle ils sont encore rebelles ; quand il n'y aura plus de terres cultivables en friche ; que les Hauts-Plateaux, où le climat est sain et les sources fraîches, seront peuplés de colons, d'éleveurs et d'industriels ; quand le Sahara lui-même sera transformé par le forage de puits qui lui donneront, avec l'eau, la fertilité et la vie ; quand toutes ces réformes et tous ces travaux seront accomplis, l'Algérie sera véritablement la France nouvelle que nous rêvons tous, j'entends tous ceux qui ont à cœur la richesse, la force, la gloire et la grandeur de la patrie. »

Une triple salve d'applaudissements entremêlés des cris de : « Vive la France ! Vive l'Algérie ! » accueillit ces paroles de mon père.

FIN

DICTIONNAIRE

DES

COMMUNES DU DÉPARTEMENT D'ORAN

COMMUNES DE PLEIN EXERCICE

Arrondissement d'Oran.

Aïn-el-Arba .... 866 hab.
Aïn-el-Turk .... 617 —
Aïn-Temouchent... 5126 —

Bâtie en 1851. Marché arabe. Ruines romaines.

Arcole .... 164 hab.
Arzew .... 4405 —

S'appelait Arsenaria sous les Romains. Fut détruite par les Arabes lors de leur invasion en Afrique, puis relevée par les rois de Tlemcen. Pendant la domination turque, sa rade fut le principal port d'exportation de la province d'Oran.

Assi-Ameur .... 247 hab.
Assi-ben-Okba .... 385 —
Assi-bou-Nif....... 454 —
Bou-Henni .... 1982 —
Bou-Sfer.......... 2499 —
Bou-Tlélis .... 3485 —
Chabat-el-Leham.. 1083 —
Er-Rahel.......... 1492 —
Fleurus .... 983 —
Kléber .... 400 —
Hammam-bou-Hadjar. 3593 —
Legrand .... 2921 —
Lourmel .... 3734 —
Mangin .... 235 —
Mers-el-Kébir ..... 2409 —
Misserghin .... 3880 —
Mokta-Douz .... 1274 —

Oran .... 67681 hab.

Bâtie en amphithéâtre sur les deux flancs d'un ravin. La gare du chemin de fer est à 1500 mètres environ du centre de la ville. Le quartier Karguentah, le moins éloigné de la gare, s'embellit tous les jours. Il se développe sur un plateau dont l'altitude atteint 111 mètres.

Oued-Imbert...... 2921 hab.
Perrégaux......... 4609 —
Rio-Salado........ 2856 —
Saint-Cloud....... 3558 —
Saint-Denis-du-Sig. 10268 —

Aux environs, grandes et riches fermes. Minoteries. A 3 kilomètres, vaste domaine occupé par un orphelinat agricole.

Saint-Leu .... 4221 hab.
Saint-Louis .... 1362 —
Ste-Barbe-du-Tlélat.. 1809 —
Sénia (La) .... 1212 —
Sidi-Chami .... 1004 —
Tamzoura .... 2904 —
Tiaret............. 4541 —

Entre le Tell et les Hauts-Plateaux. Altitude, 1083 mètres. Horizon très vaste. Marché arabe. Aux environs, immenses pâturages et grands troupeaux de moutons.

Valmy............. 505 hab.

Arrondissement de Mostaganem.

Aboukir.......... 1612 hab.
Aïn-bou-Dinar..... 1457 —
Aïn-Sidi-Chérif..... 1266 —
Aïn-Tédelès....... 2479 —
Bellevue.......... 2413 —
Blad-Touaria...... 2161 —
Bosquet.......... 2115 —
Bouguirat......... 515 —
Hillil............. 2098 —
Mazagran......... 1350 —
Mostaganem...... 13794 —

Bâtie sur un plateau à 1100 mètres du rivage. Charmants sites de la Vallée des Jardins à 4 kilomètres au sud.

Noisy-les-Bains.... 1115 hab.
Pélissier.......... 2414 —
Pont-du-Chélif..... 3181 —
Relizane.......... 6315 —

Centre important situé dans la plaine de la Mina. Terres abondamment irriguées par les eaux de cette rivière, dont le cours est intercepté à 3 kilomètres en amont par un barrage.

Rivoli............. 1624 hab.
Saint-Aimé........ 673 —
Stidia (La)........ 1603 —
Tounin........... 2053 —

Arrondissement de Tlemcen.

Beni-Saf.......... 4434 hab.

Petit port construit par la compagnie Mokta-el-Haddid, qui exploite des mines de fer aux environs.

Hennaya.......... 1533 hab.
Lamoricière....... 1554 —

Tlemcen.......... 28204 hab.

Mur d'enceinte percé de sept portes. Campagne magnifique. Arbres fruitiers de toute espèce. Cultures maraîchères. Minoteries. Tannerie. Marché considérable.

Nemours.......... 2769 hab.

Arrondissement de Sidi-bel-Abbès.

Aïn-el-Trid........ 1842 hab.
Chanzy........... 1644 —
Mercier-Lacombe.. 2089 —
Sidi-bel-Abbès.... 21595 —

Une des plus riches et des plus jolies villes de l'Algérie.

Sidi-Brahim....... 678 hab.
Sidi-Lhassen...... 951 —
Tenira............ 1296 —
Tessala........... 2196 —
Trembles (Les).... 3025 —

Arrondissement de Mascara.

Aïn-el-Hadjar..... 1621 hab.
Dublineau........ 1169 —
Mascara.......... 15453 —

Bâtie par les Turcs sur l'emplacement d'une colonie romaine.

Palikao........... 884 hab.
Saïda............. 4841 —

COMMUNES MIXTES CIVILES

Arrondissement d'Oran.

Aïn-Temouchent	17893 hab.
Saint-Denis-du-Sig	13035 —
Saint-Lucien	18877 —

Arrondissement de Mostaganem.

Ammi-Moussa	53202 hab.	Renault	27733 hab.
Cassaigne	24415 —	Tiaret	20034 —
Hillil	48228 —	Zemmora	32192 —

Arrondissement de Tlemcen.

Aïn-Fezza	9357 hab.	Remchi	20065 hab.
Nédroma	22477 —	Sebdou	10033 —

Arrondissement de Sidi-bel-Abbès.

Boukanéfis	8092 hab.
Mékerra (La)	10044 —
Telagh	12381 —

Arrondissement de Mascara.

Cacherou	27628 hab.	Mascara	42159 hab.
Frenda	18187 —	Saïda	18469 —

COMMUNES MIXTES MILITAIRES

Subdivision de Tlemcen :	Lalla-Marnia	25017 hab.
— de Mascara :	Aïn-Sefra	19281 —
— —	Géryville	24435 —

COMMUNES INDIGÈNES

Subdivision de Mascara :	Aflou	34352 hab.
— —	Yacoubia	14866 —

LISTE DES GRAVURES

TABLE DES MATIÈRES

COULOMMIERS. — Typog. P. BRODARD et GALLOIS.

Coulommiers. — Typ. P. BRODARD et GALLOIS.

www.ingramcontent.com/pod-product-compliance
Ingram Content Group UK Ltd.
Pitfield, Milton Keynes, MK11 3LW, UK
UKHW012025240726
13965UKWH00002B/579

9 782012 897250